桐山靖雄
阿含宗管長

理想の自分に生まれ変わる如意宝珠敬愛秘法

輪廻転生瞑想法 I

平河出版社

「瞑想は悩み苦しみを解決し、人を浄化し向上させる」。
火の瞑想を修する阿含宗管長・桐山靖雄。

自分の思うように自分を変え、
自分の望むもの、願うことは、
かならず実現させずにはおかない、

そして、それは現世だけでなく、
来世さえも思うままに
つくり変える——、

そういう方法《システム》があったら、
どんなによいであろうかと
あなたは思わないか？

そういう方法《システム》があるならば、
ぜひとも学んで
自分の身につけたいものだと思わないか？

もちろん、思うのにちがいない。
そう思ったら、すぐに、
「輪廻転生瞑想法」をはじめることだ。

「輪廻転生瞑想法」をおこなえば、
だれでも——、
もちろん、あなただって、
思うままの人生をつくりだし、
理想の来世を迎えることができるのである。

桐山靖雄管長は、ブータン仏教界最高の指導者である
第68代ジェ・ケンポのテンジン・デンドップ大僧正から
チベット仏教カギュ派の伝法灌頂を授けられ、
後期密教「無上瑜伽タントラ」の法、およびカギュ派に相承されている
最高の秘法の皆伝と法号を拝受された。
法号は「ンガワン・ゲルツェン」
（智勝語自在勝法幢〈王者の説法をする仏法守護者〉）。

[2010年（平成22年）6月5、6日ブータン王国・デチェン・チョリン・ゴンパ]

灌頂を終えてテンジン・デンドップ大僧正から桐山靖雄管長へ、
カギュ派の正式な法脈が継承されたことを証明するために、
大僧正が30年間愛用された法王の地位を象徴する法帽と法衣、
大僧正が長年祈念されてきた阿闍梨の法具一式が贈られた。

桐山靖雄管長は、チベット仏教ニンマ派ニェデン・カツェリン寺
（全ニンマ派総本山）大座主
ミンリン・ティチン・リンポチェから高い僧位と法号を授けられ、
ニンマ派の法脈を受け継いだ。
法号はギュルミ・ドルジェ・ドゥ・ドゥル・ツェル（一切万霊守護金剛）。
［1983年（昭和58年）8月21日　阿含宗関西総本部］

チベット仏教古儀密教ニンマ派の、
高僧の法衣と紅帽を身につけた桐山靖雄管長。
［1983年(昭和58年) 8月21日　阿含宗関西総本部］

桐山靖雄管長は、チベット仏教サキャ派大座主
チョゲ・ティチン・リンポチェより、
金剛界・胎蔵界両部の伝法灌頂を授けられ、
チベット仏教「瑜伽タントラ」の法脈を継承した。
法号はンガワン・リクズィン・テンペル(智勝光明大覚者)。

［1993年(平成5年)11月　阿含宗関東別院］

チベット仏教「瑜伽タントラ」の法脈を継承したことを証する
チベット仏教瑜伽タントラ金剛界血脈相承タンカと桐山靖雄管長。
［1995年(平成7年)6月15日　阿含宗関東別院］

＊チベット仏教では釈迦如来は
大日如来の化身とされている。

金剛界血脈相承タンカは、大日如来に始まり、
41番がチョゲ・ティチン・リンポチェ、42番が桐山靖雄管長である。
次に、42番の桐山管長が弟子に法を伝授するとき、
桐山管長の法号・尊像が描かれたタンカが授けられる（164頁参照）。

1――釈迦如来
2――金剛薩埵（持金剛寂静尊）
3――ギェルポ・ラプセルダワ
4――ダチェン・ズィン
5――パオ・タパラ
6――イェシェ・ドルジェ
7――クンガ・ニンポ
8――プラジュニャ・シッディ
9――ラプジョル・キャン
10―シュラダカ・ラワルマ
11―サンギェー・シワ
12―ロチェン・リンサン
13―ロチュン・レクシェ
14―スムトゥン・イェバル
15―チェシャルワ
16―トゥトゥン・バルトク
17―ツァントゥン・マセン
18―チェトゥン・ドセン
19―チュークウー・セル
20―パクウー・ユンギャム
21―プトゥン・リンチェンドゥプ
22―リンチェン・ナムギェル
23―ナムカ・チョクドゥプ
24―リンチェン・ペルドゥプ
25―ケンラプ・チュージェ
26―オンポ・リンチェンギャルワ
27―タシ・ギェルツェン
28―ラオ・リンチェンギャム
29―ソナム・チョクドゥプ
30―チャンリン・ムンラムドゥプ
31―阿闍梨テンパ・タルギェー
32―ラチェン・ムンサム
33―チャムパ・チューペル
34―リンチェン・ペルジョル
35―シャル・ロセル・テンキョン
36―ジャムヤン・キェンツェ
37―コントゥル・ユンギャム
38―ロテル・ワンポ
39―タクラ・チューキニマ
40―ガクロ・タムパ・リンポチェ
41―本師ナーランダ僧院
第十八代大座主
チェツン・スバシタ
（チョゲ・ティチン・リンポチェ）
42―ンガワン・リクズィン・テンペル
（智勝光明大覚者・桐山靖雄）

瑜伽タントラの金剛界血脈相承タンカ。

輪廻転生瞑想法 I

理想の自分に生まれ変わる如意宝珠敬愛秘法

仏《ぶっ》説《せっ》摩《ま》訶《か》般《はん》若《にゃ》波《は》羅《ら》蜜《みっ》多《た》心《しん》経《ぎょう》

唐三蔵法師《とうさんぞうほうし》玄奘《げんじょう》＝訳《やく》

観自在菩薩《かんじーざいぼーさー》。行深般若波羅蜜多時《ぎょうじんはんにゃはーらーみったーじー》。照見五蘊皆空《しょうけんごーうんかいくう》。度一切苦厄《どーいっさいくーやく》。
舎利子《しゃーりーしー》。色不異空《しきふーいーくう》。空不異色《くうふーいーしき》。色即是空《しきそくぜーくう》。空即是色《くうそくぜーしき》。受想行識《じゅそうぎょうしき》
亦復如是《やくぶーにょぜー》。舎利子《しゃーりーしー》。是諸法空相《ぜーしょほうくうそう》。不生不滅《ふーしょうふーめつ》。不垢不浄《ふーくーふーじょう》。不増不減《ふーぞうふーげん》。
是故空中《ぜーこーくうちゅう》。無色《むーしき》。無受想行識《むーじゅそうぎょうしき》。無眼耳鼻舌身意《むーげんにーびーぜつしんにー》。無色声香味触法《むーしきしょうこうみーそくほう》。
無眼界《むーげんかい》。乃至無意識界《ないしーむーいーしきかい》。無無明《むーむーみょう》。亦無無明尽《やくむーむーみょうじん》。乃至無老死《ないしーむーろうしー》。
亦無老死尽《やくむーろうしーじん》。無苦集滅道《むーくーじゅうめつどう》。無智亦無得《むーちーやくむーとく》。以無所得故《いーむーしょとくこー》。菩提薩埵《ぼーだいさったー》。
依般若波羅蜜多故《えーはんにゃはーらーみったーこー》。心無罣礙《しんむーけーげー》。無罣礙故《むーけーげーこー》。無有恐怖《むーうーくーふー》。

遠離《おんりー》（一切《いっさい》）顛倒夢想《てんどうむーそー》。究竟《くーぎょう》涅槃《ねーはん》。三世諸仏《さんぜーしょぶっ》。
依般若波羅蜜多故《えーはんにゃはーらーみったーこー》。得阿耨多羅三藐三菩提《とくあーのくたーらーさんみゃくさんぼーだい》。故知般若波羅蜜多《こーちーはんにゃはーらーみったー》。
是大神呪《ぜーだいじんしゅ》。是大明呪《ぜーだいみょうしゅ》。是無上呪《ぜーむーじょうしゅ》。是無等等呪《ぜーむーとうどうしゅ》。能除一切苦《のうじょいっさいくー》。
真実不虚故《しんじつふーこーこー》。説般若波羅蜜多呪《せっはんにゃはーらーみったーしゅ》。即説呪曰《そくせつしゅわっ》。
掲帝《ぎゃーてい》。掲帝《ぎゃーてい》。般羅掲帝《はーらーぎゃーてい》。般羅僧掲帝《はーらーそうぎゃーてい》。菩提僧莎訶《ぼーじーそーわーかー》。
般若波羅蜜多《はんにゃはーらーみった》心経《しんぎょう》。

準《じゅん》胝《てい》観音経

準胝功徳聚《じゅんていくどくじゅ》。寂静《じゃくじょう》にして心《こころ》常《つね》に誦《ず》すれば一切諸諸《いっさいもろもろ》の大難《だいなん》能《よ》く是《こ》の人《ひと》を侵《おか》すこと無《な》し。天上及《てんじょうおよ》び人間福《にんげんふく》を受《う》くること仏《ほとけ》の如《ごと》く等《ひと》し。此《こ》の如《によ》意珠《いじゅ》に遇《あ》はば定《さだ》んで無等等《むとうどう》を得《え》ん。若《も》し我《わ》れ誓願大悲《せいがんだいひ》の裡一人《うちいちにん》として二世《にせ》の願《がん》を成《じょう》ぜずんば我《わ》れ虚妄罪過《こもうざいか》の裡《うち》に堕《だ》して本覚《ほんがく》に帰《かえ》らず大悲《だいひ》を捨《す》てん。

準胝尊真言

ノウバ・サッタナン・サンミャクサンボダクチナン・タニャタ・オン・シャレイ・シュレイ・ジュンテイ・ソワカ

はじめに

わたくしは数年前から、「人は輪廻転生する」ということを世に知らしめなければならない、と強く考えるようになった。

そのきっかけは、ある雑誌のインタビューであった。

わたくしはそのインタビューで、人間は死んでも生まれ変わるのだということをくわしくお話しした。すると、わたくしを取材した雑誌記者が自宅に帰ってから、自分の母親に、わたくしから聞いた話をされたそうである。

彼のお母さまはかなりの高齢で、死が近づきつつあることに毎日おそれを感じ、「死ねば無になる」と考えて悲観していた。ところが、人は生まれ変わるのだという話を聞いて非常に安心し、毎日を元気に過ごせるようになったというのである。

取材から数週間後、その記者は再びわたくしのもとを訪れ、以上のことを話し、ていねいにお礼をいって帰っていかれた。

わたくしは彼の話を聞いて、

「人間は輪廻転生するという話を聞いて、勇気と希望を持つ人々が少なからずいる」

と確信したのである。

輪廻転生論はやはり現代人の救いになるのだ、というように。

わたくしたち人間は、死ねばそれで終わりでなく、かならず生まれ変わる。自分が欲すると欲せざるとにかかわらず、人間は転生をするのである。これは運命といってもよいであろう。

わたくしは、若いころから輪廻転生について思索を廻《めぐ》らしてきた。のちに宗教者になり、釈迦の成仏法を修行して霊視能力を得てからは、その探求はさらに深まり、輪廻転生の実相がほぼわかるようになってきた。

そして、近年になって、ある考えにたどり着いたのである。

「人間はかならず輪廻転生するのならば、その力を逆に利用して、理想の人間に生まれ変わることはできないか？」

というものである。

どうせ転生するのならば、よい境遇の人間に生まれ変わったほうがよいに決まっている。あえて悪い境遇の人間に生まれ変わりたい、という人はあまりいないであろう。

そこで、わたくしは、これまで以上にいろいろな角度から輪廻転生について探求し、理想の人間に転生する方法にたどり着いた。

それが「輪廻《りんね》転生《てんしょう》瞑想法《めいそうほう》」である。

この瞑想法を実践することで、理想的な来世の設計図を自分で描き、それにしたがって思う存分にすばらしい人生を送ることができるようになる、すばらしい法なのだ。

人間という存在は、かならずいつかは死を迎える。そして、死が間近に迫ってくると、さまざまな不安やおそれを感じる。

しかし、来世の存在を知ると同時に、

「自分が思い描く理想の境遇に生まれる」

ということが実現できるならば、死への不安やおそれを拭い去ることができるであろう。理想の来世が得られることを確信できるならば、穏やかな心で人生を全《まっと》うすることが可能となるのである。

そういうと、

「いまの自分は苦しいことばかりだから、いっそすぐに死んでしまおう」

などと考える人がいるかもしれないが、自殺は絶対にいけない!

自殺者は、かならず不幸な人間として来世に生まれるからだ。

どんなに苦しくても、いまの人生をできるだけ楽しく精いっぱい生きることが、幸福な来世を得る第一条件である。

来世は現世の結果であるから、今生をくだらなく生きれば、来世もくだらないものになり、逆にこの世をよりよく生きれば、来世もよりよいものになるということを、忘れないでほしい。

この本には、自分が理想とする人間に転生する方法、「輪廻転生瞑想法」が説かれている。これまでにも、輪廻転生について書かれた本はいくつかあるが、自分が理想とする人間に生まれ変わる方法を具体的に説いたものは皆無であった。しかし、わたくしはそれを説き示したわけである。

わたくしは、この「輪廻転生瞑想法」が、多くの人に生きる希望をあたえるものだと確信している。

ぜひ本書の瞑想法を実践して、希望に満ちた充実した現世を過ごし、理想の来世を迎える準備をしていただきたいのである。

輪廻転生瞑想法Ⅰ

目次

第六章 輪廻転生瞑想 如意《にょい》宝珠《ほうじゅ》敬愛《けいあい》法《ほう》次第

第一章

君は輪廻転生《うまれかわり》する

人は死ねば終わりか?

わたくしはいまこそ、人が輪廻転生をするという真実を世の中に広めなければならない時期である、と考えている。

なぜならば、この世に刹那《せつな》主義が蔓延《まんえん》しているためである。

その一例が「通り魔事件」の増加である。

あなたは、二〇〇八年六月八日の白昼、歩行者天国で賑《にぎ》わう東京秋葉原で、通り魔が十七人を無差別で死傷させた凄惨《せいさん》な事件を覚えているであろうか?

聞くところによると、あの事件の犯人は、人を何人殺しても自分が死刑になればそれで終わりだと考えて、犯行におよんだようである。

この「秋葉原通り魔事件」のあとも、これに類似する無差別殺傷事件は確実に増えている。

現代人の多くが、

「人間は死ねばそれで終わりで、あとにはなにも残らない」

と考えているからこそ、腹が立ったならば片っ端から人を殺して、自分も死刑になって死ねばよい、と刹那的に考える人が少なからず出てくるのだ、とわたくしは考えている。

これらの犯人たちが、なぜこのような刹那的な行動をとるのかについては、じつは深いわけがあるのであるが、それはまたあとでのべることにして、霊魂も来世もあるし、来世は現世の業の報いを受けるのだ、という生命の実相について明らかにするならば、現代人の生き方は大きく変化することであろう。

その生命の実相、輪廻転生と因縁果報の真理を明らかに教えるのが宗教家の任務である、とわたくしは痛切に感じている。

現代の世相に警鐘《けいしょう》を鳴らすために、わたくしはこの本を出すことにしたのである。

無差別殺人の犯人たちの死後

阿《あ》含経《ごんぎょう》という経典群がある。

法華《ほけ》経や阿弥陀《あみだ》経などは聞いたことがあるが、阿含経というのは、あまり聞いたことがないという方もいるかもしれない。

しかし、じつはこの阿含経こそが、仏教の開祖であるお釈迦さまが亡くなられたのち、いちばん最初につくられたお経であり、お釈迦さまが説かれたお言葉がそのまま記されている唯一の経典群なのである。

その中に衝撃的な内容のお経がある。「好戦《こうせん》経」や「屠羊者《とようしや》経」といったお経で、お釈迦さまは、過去世で戦争を好み楽《ねが》った人間の死後を例にひいて、生前に人を殺したり、苦しめたりした人間が、死後どのようになるかを克明にお説きになっている。

わたくしは、現代における無差別殺人などのように、身勝手な理由で人を殺《あや》めた人たちの死後の姿は、このお経に出てくる戦争を好み楽った人間の死後とおなじようになると考えている。

まずは、このお経を、できるだけわかりやすく解説してみよう。

（読下しは「国訳一切経」を参照させていただいた）

雑阿含経「好戦《こうせん》経」

是《かく》の如《ごと》く我《わ》れ聞《き》きぬ。一時《いちじ》、仏《ほとけ》、王舎城《おうしゃじょう》に住《とど》まりたまえり。乃至《ないし》尊者大目犍連《だいもくけんれん》路中に於《お》て一大身の衆生《しゅじょう》の身《み》を挙《あ》げて毛を生じ、毛の利《と》きこと刀の如く、其《そ》の毛火燃え、還って其の身を割《さ》くに、痛み骨髄《こつずい》に徹《てっ》せるを見たり。乃至仏、諸《もろもろ》の比丘《びく》に告げたまわく「此《こ》の衆生は過去世《かこせ》の時、此の王舎城に於《お》て戦諍《せんそう》を好楽《こうぎょう》し、刀剣《とうけん》もて人を傷《きず》つけぬ。已《すで》に百千歳《さい》地獄《じごく》の中に堕《お》ちて無量《むりょう》の苦《く》を受け地獄《じごく》の余罪《よざい》にて、今此の身を得《う》るも続いて斯《こ》の苦を受くるなり。諸の比丘、大目犍連《だいもくけんれん》の所見《しょけん》の如きは真実《しんじつ》にして異《ことな》らず。当《まさ》に之《こ》れを受持《じゅじ》すべし」と。仏此の経を説き已《おわ》りたまいしに、諸の比丘、仏の説かせたもう所を聞きて、歓喜《かんぎ》し奉《ぶ》行《ぎょう》しき。

「好戦経」の冒頭に、

「是の如く我れ聞きぬ。一時、仏、王舎城に住まりたまえり」

とあるように、これはお釈迦さまが王舎城ご滞在時の説法を記録したものである。

「好戦経」ではつづいて、

「乃至尊者大目犍連路中に於て一大身の衆生の身を挙げて毛を生じ、毛の利きこと刀の如く、其の毛火燃え、還って其の身を割くに、痛み骨髄に徹せるを見たり。乃至仏、諸の比丘に告げたまわく」

とあるが、この場合の「乃至」は省略をあらわす。前に説かれているお経と内容がおなじ部分については、ただ「乃至」とのみ記して略するのである。大正蔵には「好戦経」の前に、「屠羊者経」があるのでご覧いただきたい。

雑阿含経「屠《と》羊《よう》者《しや》経」

是《かく》の如《ごと》く我《わ》れ聞《き》きぬ。一時《いちじ》、仏《ほとけ》、王舎城《おうしやじよう》の迦蘭陀《からんだ》竹園《ちくおん》に住《とど》まりたまえり。尊者大目犍連《そんじゃだいもくけんれん》と尊者勒叉那《ろくしゃな》とは耆闍崛山《ぎじゃくっせん》の中に在《あ》りき。尊者勒叉那、晨朝《しんちょう》の時に於《おい》て尊者大目犍連の所に詣《いた》り尊者大目犍連に語るらく、「共に耆闍崛山より出で王舍城に入りて乞食《こつじき》せん」と。

尊者大目犍連黙然《もくねん》として許し、即《すなわ》ち共に耆闍崛山より出で王舍城に入りて乞食し行きて一処《あるところ》に至りしに尊者大目犍連、心に所念《しょねん》有り、欣《ごん》然《ねん》として微笑《みしょう》せり。尊者勒叉那、尊者大目犍連の微笑せるを見、即ち問《と》うて言《い》わく「尊者、若《も》し仏及び仏の声聞《しょうもん》の弟子の欣然として微笑するは、因縁無きに非《あら》ず、尊者今日、何の因、何の縁をもて微笑を発《はっ》せる」と。尊者大目犍連言わく「問う所は時に非《あら》ず、且《しば》らく乞食《こつじき》し世尊《せそん》の前《みまえ》に於て当《まさ》に是《こ》の事を問うべし。是れ時に応じたる問いなり」と。

尊者大目犍連と尊者勒叉那と共に城に入り乞食し已《おわ》って還えり、足を洗い衣鉢《えはつ》を挙《あ》げ倶《とも》に仏所に詣《いた》り、仏の足《みあし》に稽首《けいしゅ》したてまつり退《しりぞ》きて一面に座しぬ。尊者勒叉那、尊者大目犍連に問わく、「我れ今晨朝に、共に王舍城に入りて乞食せしに汝一処に於て欣然《ごんねん》として微笑《みしょう》せり。我れ即ち汝に微笑の因縁を問いしに汝我れに答えて言わく『問う所は時に非ず』と。我れ今《いま》汝に問わん『何の因、何の縁もて欣然として微笑せる』』と。

　尊者大目犍連、勒叉那に語るらく「我れ路中《ろちゆう》に於て一大衆生《いちだいしゆじよう》の身《み》を挙《あ》げて皮無《かわな》く、純《もつぱ》ら一《ひとつ》の肉段《にくだん》にして空《くう》に乗《じよう》じて行けるを見たり。烏《からす》・鵄《とび》・鵰《くまたか》・鷲《わし》・野干《やかん》・餓狗《がく》随《したが》って獲食《かくしよく》し、或《あるい》は脇 肋《きようろく》より其《そ》の内蔵《ないぞう》を探《さぐ》りて取《と》って之れを食《く》うに、苦痛《くつう》切迫《せつぱく》し啼哭号呼《ていこくごうこ》せり。我れ即ち思惟《しゆい》すらく、『是《かく》の如き衆生《しゆじよう》は是《かく》の如き身を得《え》て乃《いま》し是《かく》の如き饒 益《にようやく》せざる苦《く》を受《う》く』』と。

　仏、諸《もろもろ》の比丘《びく》に告げたまわく、「善《よ》い哉《かな》比丘我が声 聞中《しようもんちゆう》、実眼《じつげん》・実《じつ》智《ち》・実義《じつぎ》・実法《じつぽう》に住《じゆう》し、決定《けつじよう》して通達《つうたつ》せば是《こ》の衆生を見る。我れも亦た是の衆生を見て、而《し》かも説《と》かざるは信ぜざるを恐《おそ》るるが故《ゆえ》なり。所以《ゆえん》は何《いか》ん。如来《によらい》の所説《しよせつ》を信ぜざる者有《あ》らば是れ愚癡《ぐち》の人にして長 夜《じようや》に当《まさ》に饒 益《にようやく》せざる苦を受くべければなり。諸の比丘、是の衆生は過去《かこ》世《せ》の時、此《こ》の王舎城に於て屠羊者《とようしゃ》と為れり。斯《こ》の罪に縁《よ》るが故に已《すで》に百千歳地獄の中に堕ちて無量《むりよう》の苦を受け、今此の身を得るも余罪《よざい》に縁るが故に続いて斯の苦を受くるなり。諸の比丘、大目犍連の所見の如きは真実にして異ること無し、汝等住持《じゅうじ》せよ」と。仏此の経を説き已《おわ》りたまいしに、諸の比丘、仏の説かせたまう所を聞きて、歓喜《かんぎ》し奉《ぶ》行《ぎょう》しき。

「屠羊者経」をもって「好戦経」の省略した部分を復元すれば次のようになる。それは、お釈迦さまが、王舎城の迦蘭陀竹林園におられたときのことであった。

王舎城というのは、マガダ国の首都で、お釈迦さまは、このマガダ国を中心に長年、布教伝道されていたのである。その根拠地が、この「迦蘭陀竹林園」である。竹林園というのだから、竹がたくさん生えている荘園であったと思われる。そこに建てられたのが、竹林精舎である。

この竹林園は、もと、マガダ国王、セーニャ・ビンビサーラの所有する荘園であった。ビンビサーラが若いころ、この荘園に来て、午睡《ごすい》していた。すると、大きな毒蛇がしのびよってきて、彼を襲おうとした。そのときに、そばにいた野生のリスがけたたましく鳴き立てた。その声にビンビサーラは目をさまして、毒蛇の難をまぬがれることができた。

そこで、ビンビサーラは、この危機を逃れることができたのはリスのおかげである、として、以後、その荘園をリスの保護区にしたのである。そのために、リスがたくさん集まってきて、住みついた。

この迦蘭陀竹林園に、のちに、お釈迦さまに帰依したビンビサーラが、精舎を建てお釈迦さまの教団に寄進した。そこでお釈迦さまは、この竹林園を根拠地にして、布教伝道されておられた。

当時、尊者大目犍連《だいもくけんれん》と、尊者勒叉那比丘《ろくしゃな》が、お釈迦さまに随従して修行していた。大目犍連というのは、お釈迦さまの十大弟子の中で、神通力第一といわれる聖者のことである。

この大目犍連は、お釈迦さま筆頭の弟子といわれ、非常な神通力をもって聞こえていた。その神通力のもようが、阿含経の中に、いくつか記されている。この大目犍連が勒叉那比丘と霊鷲山《りょうじゅせん》（耆闍崛山《ぎじゃくつせん》）におられた。お釈迦さまの没後五百人の弟子たちが集まって、阿含経を編纂したという場所が、この山の頂上近く、七葉窟というところである。いま、この七葉窟の前に立つと、ちょうど眼下七、八百メートルのところに、迦蘭陀竹林園が見わたせる。

さて、この七葉窟に、大目犍連と勒叉那比丘が修行しておられた。あるとき勒叉那比丘が朝早く、大目犍連尊者のところへやってきて、こういった。

「今日はごいっしょに王舎城に行って乞食《こつじき》したいと思うのですが、いかがでしょうか。よろしかったら、おともさせていただきたく思いますが」

乞食というのは、托鉢《たくはつ》のことである。日本のコジキとはたいへんちがう。お釈迦さまの道場では、いっさい生産事業をしない。もとより商売はしないし、田畑を耕作するというようなこともしない。ひたすら修行ひとすじである。

ではどうやって生活をするのかというと、衣食すべて、托鉢でまかなう。まず、食は、朝起きて、さだめの瞑想がすむと、鉄鉢《てっぱつ》をひとつ持って、民家の前に立つ。縄張り、というとおかしいが、だいたい、自分のまわっていく家は決まっており、その前に立って、真言《マントラ》を唱えたり、あるいは黙想している。すると、その家では、かならず布施をする。それはもう昔からの習慣で、朝、自分たちの食事をつくると、そのうちからその分をちゃんととっておく。着るもののほうは、死者の身につけていたものとか、病人の着ていたもので、捨てるようなものをもらってくる。それをひとまとめにして、一カ月ほど土の中に埋めておく。すると、土には殺菌力があるからきれいに消毒され、かつ、雑多な色彩が脱色されて褐色になる。つかえる部分を切りとってから綴《つづ》り合わせ、衣《ころも》に仕立てる。日本の坊さんの袈裟《けさ》が、小さい布を綴ってつくってあるのは、これに由来するのである。ただし、日本の坊さんの布は、新しい布をわざわざ小切れにしてもちいる。そこがちがうわけである。

修行するところ、住むところも、そのとおりで、このビンビサーラの竹林精舎や、スダッタ長者の祇園精舎など、寄進によって初めて得るので、寄進、あるいは提供されないかぎり、樹下《じゅげ》石上《せきじょう》、あるいは、洞窟などで、修行し、説法するのである。

食物の托鉢は、お釈迦さまといえども、ときに自ら出かけられたようである。そうして持ち帰った食物は、すべて平等に配分される。だが、托鉢に出かけても、なにも得られなかったときにはどうするかというと、なにも口にしないのである。めったにそういうことはなかったようだが、貧しい地方を布教伝道する場合には、そういうこともしばしばあったと記録されている。

欣然《ごんねん》として微笑

さて、それで、修行者勒叉那が、大目犍連尊者に、

「本日、王舎城の托鉢に、おともさせていただきたい」

と申し入れた。すると、大目犍連尊者は、「黙然と許し」たとある。

こういう、たった一行の表現に、お釈迦さまの教団の道場の様子がうかがわれるのである。

「黙然として許し」

なんにもいわないで、黙って「ウン」と許されたわけである。

お釈迦さまの道場では、「聖黙法談《せいもくほうだん》」ということがモットーであった。修行に不要なことはいっさい口にしない。世間話など、言語道断《ごんごどうだん》である。世間話は、これを、「畜生談《ちくしょうだん》」といって顰蹙《ひんしゅく》した。黙々として修行にはげむのを「聖黙」（きよらかな沈黙）といって重んじ、口を開くときには、教法のことしか語らない（「法談」）。だから、このときも、大目犍連尊者は、黙ってうなずいて許諾した。

これが、われわれであると、ついよけいなことをいってしまいやすい。

「うーん、そうだな。今日はとても天気がいいな。じゃあ、君といっしょに行くとしようか。どこへ行くのだ。王舎城か」などと、ペラペラしゃべってしまう。そういうことは、なんの益にもならぬくだらないことであるから、大目犍連尊者は黙ってうなずいて、これを許した。こういうさりげない数語の中に、お釈迦さまの道場の修行のありさまがうかがわれるのである。そして、

「共に耆闍崛山より出で王舎城に入りて」

托鉢修行をはじめた。すると、しばらく歩いて、ある街かどのところに来たとき、尊者大目犍連は、なにか、ふと、心に思ったことがあったらしく、「欣然《ごんねん》として微笑」した。

「欣然《ごんねん》」――ふつう漢音であると、キンゼンと読む、ここでは呉音でゴンネンとある。心に喜ぶことをあらわした言葉である。そして微笑したというのであるから、なにかふと心に喜びを感じて、にっこり笑ったのであろう。

すると、それを、勒叉那が目ざとく目にとめてこういったのである。

「尊者大目犍連よ。仏陀、あるいはその弟子が、欣然として微笑するというのは、かならずなにか因縁があることであります。因縁なくして、意味なく笑うということはありません」

それはそのとおりである。なにかあるから笑うのであって、なんでもないのに欣然として笑ったら、これは脳障害の因縁があると思われてしまう。ごくあたりまえのことだが、これは、そういわなければ質問ができないからで、

「なにか因縁があって、尊者はいま微笑されたのでしょう。因縁なくして仏陀

も仏弟子も笑うはずはないのでありますから――。尊者はいまお笑いになった。どういう因縁があってお笑いになったのでありますか？」

するると、大目犍連は、こうお答えになった。

「いま、そういうことを聞いている場合ではないだろう。いまは托鉢中である。そんな問答をしているときではない」

貧しき者に食を乞う

仏教修行にとって、托鉢はものもらいではない。きびしい修行なのである。しかも非常に大切な修行である。

単に食物を乞うのではない。「自分に食物を布施《ふせ》することにより、相手はこの上ない功徳《くどく》を積むのであり、その功徳を積んだ徳により、相手は救われるのである」こういう信念のもとに、托鉢をするのである。

「自分は、自分自身成仏すると同時に、あらゆる衆生を成仏させるための修行をしている聖者である。その聖者に食物を布施してその修行を助けることは、聖者の聖業を助けることである。その功徳により、相手は救われるのである」
相手に功徳を積ませるために托鉢をするのである。すなわち慈悲の修行なのである。

阿含経に、こう記されている。

あるとき、お釈迦さまが、数人の弟子たちをつれて托鉢に出た。しばらく行くと、道が二つに分かれている。お釈迦さまは右のほうに足を向けた。一人の弟子がいった。

「師よ、道をお間違えになったのではないでしょうか?」

「なぜか?」

お釈迦さまは歩みながら、ふり向きもせず、たずねた。

「師よ、この道は、貧しき者のみが住むので有名な村に向かいます。ことに近ごろの飢饉《ききん》で飢え死にする者さえ出ているそうであります。行ったとて甲斐ないものと思われます。左の道は、大地主や大商人たちが住む富める村です。師のおいでになるのをお待ちしている者たちがたくさんおります。道をお間違えになったのではございますまいか」

お釈迦さまは足をとめてふり返った。

「道を間違えたのではない。この道が貧しい者たちの村に通ずるものであることは、よく知っている。布施の行は、貧しい者ほどしなければならぬのだ。彼らが飢え死にするほど貧しいのはなぜか？　前世においてむさぼりの心が強く、人に施しすることをまったく知らなかったためである。いま、現世にその報いを受けているのである。その飢え死にするほど乏しい中から、たとえ一粒の米・麦でも、聖者に布施し、供養するならば、その功徳によって、彼らはかならずいまの境界から救われるのだ。彼らに、利他の心を起こさせるために、わたしは行かねばならぬ」

そうおっしゃった。

飢え死にする者が出るほど貧しい村に入って、食を乞う。これはまさに逆のように思われる。われわれだったら、なにか食べものを持っていってやることを考えるだろう。しかし、お釈迦さまはそこへ行って托鉢するのである。食なき者に食を乞うのだ。俗にいう「首吊りの足をひっぱる」ようなものではないか。しかし、お釈迦さまは断言するのだ。それによって彼らは救われるのだ、と。まさにお釈迦さまのように十生、二十生にわたって、人の業《カルマ》の転変を見た大霊覚者でなければ、いえない言葉というものであろう。お釈迦さまは、数人の弟子たちとともに、十数日にわたってその村に滞在し、一日に一椀《わん》、五、六粒の麦を浮かべたカユ（とはいえないであろう）を弟子たちと分け合ってすすりながら、法を説いた。村の者全員帰依し、のちみなニルヴァーナにいたった、と記録されている。

真の仏教者にとって、托鉢とはこのようなものであった。だから、大目犍連が、いまは托鉢の修行中で、そのような問答をしているときではない、修行をちゃんとすませて、道場に帰り、お釈迦さまにご挨拶をして、それでまだこのことについて質問したかったら、質問したまえ、そのときはお答えしよう。そういったのは当然で、勒叉那比丘も、まことにそのとおりであると思い、二人は、托鉢をつづけたのであった。

しかし、わたくしが考えるに、大目犍連がこのとき、欣然微笑のわけを話さなかったのは、それだけの理由ではなかったのである。ほかにもわけがあったのだ。

というのは、いまここで勒叉那比丘に話して聞かせても、彼には理解できず、誤解されるおそれがあると思ったからである。お釈迦さまのもとでならば、それが避けられると思ったのである。二人は黙々として托鉢をつづけた。

やがて、道場に帰ると、「足を洗い衣鉢《えはつ》を挙げ」てお釈迦さまのいらっしゃるところに通った。御足に稽首《けいしゅ》したてまつり、ご挨拶を申し上げて、自分の定められた座についた。

すると、勒叉那比丘は、大目犍連に向かって、こういったのである。

「わたくしは今朝、あなたといっしょに耆闍崛山を出て、乞食修行に出かけましたが、途中、あるところで、あなたは欣然《ごんねん》として微笑されました。にこっと、こうお笑いになった。それで、わたくしは、あなたに、なんでお笑いになったのか、その因縁をおたずねしたところ、あなたは、いまそんな問答をしているときではない。まず乞食修行に専念して、道場に帰ってから、世尊の御《み》前《まえ》において質問するならば、そのとき話してあげよう、と、こうおっしゃった。そこで、いま、また改めて質問いたします。あのとき、あなたは、なんの因縁をもって、あのようににっこりとうれしそうに笑ったのでありますか?」

なかなかしつこい男である。托鉢中、それればかり考えていたのかもしれない。あるいは、大目犍連という人が、日ごろ謹厳実直であって、めったに人前で笑うというようなことがなかったのかもしれない。その人がさもうれしそうに笑ったのだから、猛烈な好奇心が湧き起こったということかもしれない。

戦争を好楽《こうぎょう》する者の末路

大目犍連が微笑したのは、路中であるものを見たためであった。

彼が見たものとは、

「全身に毛がはえ、その毛は刀のように鋭く、またその毛は燃えていて、鋭く熱くなった毛が自分の身を切り裂き、その痛みが骨まで突きささる苦しみを受けている」

悲惨な姿の衆生であった。

そして、お釈迦さまは「好戦経」で、この不成仏霊について、説明されるのである。

「修行者たちよ、この衆生《もの》は過去世のときに、この王舎城に於て戦争を好楽《こうぎょう》していた人間である」

好楽――これははなはだ意味深長な言葉である。

このお経をあるところで講義したところ、すぐに質問が出た。年輩の人であったから、召集令で戦地に出かけたことがあったのかもしれない。あるいは戦地で敵兵を殺したこともあったかもしれない。その質問は、自分の本意でなく戦争にかり出されて、それで殺生した場合でも、やはり、この衆生のように、不成仏霊となって地獄の苦しみを受けなくてはならないのでしょうか、というのであった。

お釈迦さまはそれにちゃんと答えている。

好楽し、とある。戦争を好み楽《ねが》って、多くの人を殺したとある。好み楽うというのは、それによって多くの利益を得たことをあらわしていると思ってよい。ただの惨虐性《ざんぎゃく》で戦争を好み楽ったのではないのである。まあ、それもあったかもしれないが、戦争によって、多大の利益を得て、好み楽ったのである。戦争屋か、将軍といった地位の者か、戦争によって領主や国王になった者であろう。だから、いやいや一枚の召集令状《アカガミ》で戦争に行った者など、この中には入らないのである。ただし、戦地で殺生したおぼえのある者は、それなりの業はかならず受けるのであるから、成仏法要ぐらいはいとなまねばならぬであろう。

さて、戦争を好楽し、多くの人を刀剣をもって傷つけたこの衆生は、

「已に百千歳地獄の中に堕ちて無量の苦を受け地獄の余罪にて、今此の身を得るも続いて斯の苦を受くるなり。諸の比丘、大目犍連の所見の如きは真実にして異らず。当に之れを受持すべし」

——百千歳地獄の中に堕ちて、という。この百千歳というのは、文字どおり百年、千年と受けとらなくてもよい。われわれの次元とは異なる次元であるか

ら、ただ、非常に長い間、と解釈すればよい。それよりも、驚くのは、かの不成仏霊の受けている苦しみは、地獄の苦しみであると思っていたら、そうではなかったのである。地獄の余罪なのだ。あれが余罪程度のものなら、本ものの地獄の苦しみとはいったいどんなものか。

じつは阿含経の中に、地獄のじつに詳細な描写と説明があるのであるが、それはまたべつな機会にご紹介するとして、この衆生は、その地獄に於て長い間はかりしれない苦しみを受け、いまようやくその地獄から出てこの中《ちゅう》有界に帰ってきたのである。しかしながら、まだ自分のおかした業《カルマ》が消滅しきらず、こういう体になって、この苦しみを受けているのだ。

――修行者たちよ、大目犍連の見たものは、これは真実であって、決して、夢、まぼろしのようなものではないのである。そのつもりで、君たちは受けとめなければならないぞ。

そう、お釈迦さまは修行者たちに教えさとされたのであった。

霊障のホトケを目撃

余罪のもたらす苦についてては「屠羊者経」で、大目犍連は、こういっている。

「我れ路中に於て一大衆生の身を挙げて皮無く、純ら一の肉段にして空に乗じて行けるを見たり」

――わたしはあの道なかで、一人の大きな人間が全身、皮がなくてのっぺらぼうの、肉のかたまりのようになって、虚空《こくう》をふわふわと歩いていくのを見たんだ。

こういったわけである。

いったい、これはなんなのだ?

「一大衆生」これは、とくに大きな、ということではなく、ちゃんとした立派な人間、というほどの意味であろう。ちゃんとした人間なんだけれども、皮膚がなくて、のっぺらぼうの、ひとつの肉のかたまりのようになっている。しかし、それは、ちゃんとした人間なのだ。それが、二本の足で道を歩いていくのではなく、空中を、ふわふわとただようように行くのを見たんだ、というのである。いったい、これはなにか。ナゾ掛けですね、これは——。

「一大衆生の身を挙げて皮もなく、もっぱらひとつの肉段にして、空に乗じて行けるものなあに？」

なんと答えますか、これ？

お釈迦さまはこれを、「意生身《いしょうしん》（意《こころ》だけで生きている存在）」といっているのである。

いまのわれわれの言葉でわかりやすくひと口にいったら、ユウレイみたいなものでしょう。

つまり、不成仏霊である。霊障を発した不成仏霊が、いま、その道をふわふわ歩いていくのを見たんだ、ということである。大目犍連は、まさしく、霊障のホトケを目撃したのである。

プロメテウスの苦しみ

しかし、大目犍連が見たのはそれだけではないのである。

「烏・鵄・鵰・鷲・野干・餓狗随って獲食し、或は脇肋より其の内蔵を探りて取って之れを食うに、苦痛切迫し啼哭号呼せり」

カラス、トビ、鵰《クマタカ》、それに、ワシ、野干《やかん》、野干というのは、野性のキツネをいう。それから餓狗《がく》。これは、飢えて、腹の皮が背中にひっついたようになって狂暴になったイヌ、そういったものが、虚空を行く不成仏霊につきまとい、追いすがっていく。

鳥のたぐいは、頭上から襲いかかる。イヌやキツネは足もとから飛びついて、「獲食《かくしょく》し」という。獲《と》え、食うわけである。肉を噛《か》んで、食いちぎって、ムシャムシャ食べている、ということである。

これはもう、じつに悲惨な光景というよりほかない。皮がなくて、肉のかたまりのようになった人間が、ふわふわ歩いていく。それを、イヌやキツネが飛びついて、肉を食いちぎって、食べている。

それだけではない。カラスとか、トビ、ワシなどの猛禽類《もうきんるい》が空から襲いかかって、肉をついばんで食べる。それも、「脇肋《きょうろく》よりその内臓を探りて、取ってこれを食う」とある。脇肋というのは肋骨《ろっこつ》である。皮膚がないノッペラボウなのだから、肋骨なんかも、あらわに見えているのであろう。その肋骨のところへ、鋭いくちばしを突っこんで、中から、内臓をついばんで、ひきずり出し、これを食う、というのである。これはもう悲惨なんてものではない。生身の体の内臓を、くちばしでついばんで、ひきずり出し、食うというのだ。食われる身になったらその苦痛たるや、言語に絶するものがあろう。

そういうと、それはもうこの世にいない、生命のない存在なのだから、イヌに食いつかれようが、トリについばまれようが、痛くもかゆくもないんじゃないか、そういわれるかもしれない。ちがうのである。わたくしが『守護霊を持て』（平河出版社）その他で書いたように、不成仏霊というのは、自分の死んだのを知らない存在なのである。

だから、その本人にとっては、ある部分、生きているのとなんら変わりがないのである。感覚の上では、われわれがいまこうしているのと、まったくおなじなのである。もちろん、われわれとちがう次元に生きているわけであるから、ちがう部分も多くある。しかし、ある感覚の上では、生きているのとおなじなのである。執念、怨念《おんねん》、怨恨《えんこん》、苦痛、悲哀などの感情、それと肉体的苦痛など、生きているのとまったくおなじように感じている存在——それが不成仏霊である。したがって、イヌに噛まれ、トリについばまれたら、われわれ生きている人間が、イヌに噛まれ、トリについばまれたのと同様の苦痛を感じるのである。

では、カラスとか、トビとか、ワシ、イヌなど、そういったものが、どうして勒叉那比丘の目にとまらなかったのか？　不成仏霊の、皮のない、ノッペラボウの肉段の衆生は、これは不成仏霊であるから、霊眼のない勒叉那比丘の目には見えなかったとしても、あとにつきしたがって食いついているトビやイヌなど、見えないはずはないじゃないか、こういわれるかもしれない。これらもまた、霊的存在なのである。だから、これらも、霊眼がなければ、見ることができない。すべて霊の世界において実在なのである。

そこで、

「苦痛切迫し啼哭号呼せり」

それは当然であろう。いま、われわれが、イヌに噛みつかれて肉を食いちぎられ、ワシに内臓をついばまれたら、どんなに強情我慢の男でも、悲鳴をあげざるを得ないであろう。この衆生も、啼哭号呼《ていこくごうこ》しているわけである。「啼」というのは、すすり泣くこと、「哭」は、声をあげて泣く。「号呼」は、声をかぎりに泣き叫ぶこと。要するに、声のかぎりに泣き叫びながら行くのである。それをまた、トビ、ワシ、イヌなどがよってたかって、噛みつき、ついばむのだ。彼が、「皮なく、もっぱら一つの肉段にして」というのは、このようにひっきりなしに体のいたるところを噛みちぎられるため、そうなってしまったわけである。〝肉段《にくだん》〟というのは、〝肉団《にくだん》〟である。肉の団子《だんご》である。体中、赤剝《あかむ》けの肉塊《にくかい》になってしまっているわけだ。しかもなお、彼は生きているのだ。彼は一度死んだ身であるから、どんなに肉を噛みちぎられても、血を流しても、死ぬわけにはいかないのである。自分のおかした業《ごう》が尽きるまではつづくのである。世にこれほどつらいことがあろうか。わたくしは、このお経を読んだとき、子供のころ読んだギリシア神話の神を思い出したものである。人間に神の火をあたえたプロメテウスである。

プロメテウスは、人間を愛したため、神の火を盗んで人間にあたえてしまう。天帝ゼウスは怒って、彼に恐ろしい罰を加えるのである。それは、カフカスの高い山の頂きに、鎖をもってしばりつける。その山には、人を食う大ワシが棲んでいる。朝、日が昇ると、そのワシがプロメテウスのところへ翔《と》んできて、そのするどいくちばしで脇腹を突き破り、肝臓をついばんで食うのである。神といえども、内臓を食われたんでは死んでしまう。死ぬまでにたいへんな苦しみをするわけである。

朝から日の暮れまでかけて、ワシはプロメテウスの生き肝をついばむ。夕方になると、プロメテウスは絶命してしまう。そうすると、ワシは巣へ帰る。死んでしまったプロメテウスは、神であるから、落日とともに傷がなおりはじめ、生き返ってしまうのである。朝までに、食われた肝臓もまったくもとに戻り、兎《う》の毛で突いたほどの傷もない元気で健康な体になってしまうのである。しかし、朝になって、日が昇ると、また例の大ワシがやってきて、するどいくちばしで脇腹に穴をあけ、生き肝をついばむのである。プロメテウスは苦しみ、夕方までに絶命する。ところが夜になると傷はなおりはじめ、朝までにまったく健康なもとの体に返る。それをまたワシが襲う。これが未来永劫につづくというじつに残酷なゼウスの罰であった。

その神話を、わたくしは思い出したのである。子供心に、ずいぶん残酷な罰だと感じたものであった。ワシに生き肝を食われて死ぬ。それはたいへんな苦痛であろう。しかし、死んだらその苦しみも終わるのだから、死によって彼は救われるわけだ。その死を封じられるというのは救いを封じられるわけで、これ以上、残酷なことはない。死というものは恐ろしいものだが、その死が救いになるということもあるんだなあ、と、子供心に、死についてあれこれ考えたものであった。それをわたくしは思い出したのである。

この不成仏霊も、イヌやワシやトビに襲われて、内臓までひきずり出されて食われているわけであるから、生身の人間だったら、一時間と持たない。絶命してしまうであろう。絶命と同時に、その苦痛も感じなくなるわけであるから、それで救われることになる。しかし、不成仏霊の場合は、そうはいかない。死んでいるのだから、もうこの上、死ぬことができない。ただもう、ヒイヒイ、わあわあ泣き叫びながら、逃げまわっているよりほかないわけだ。それを、これも霊的存在のワシ、トビ、イヌが追いすがって食いついているのである。それが、いつまでつづくかわからない。一分一秒の休みもなく、ずうっとつづいていくのだ。何年、何十年、何百年つづくかわからない。いま、が無限につづいていくのである。まさに、これこそ地獄の苦しみ、というよりほかないであろう。しかし、これも地獄の余罪である。地獄の苦しみを受けたのちもなお余罪に苦しんでいる人間を、自分は見たんだ、そう、大目犍連はいったのである。

「われもまたこの衆生を見る」

「我れ即ち思惟すらく、『是の如き衆生は是の如き身を得て乃し是の如き饒益せざる苦を受く』」

「そうして、それを見てわたしは思ったのだ。なるほど、こういう人間は、こういう体になって、こういう饒益《にょうやく》せざる苦しみを受けるんだなあ、そうだったのか、そう思って、わたしは思わずにっこり笑ったんだ」

すると、大目犍連は、この不成仏霊の衆生が、生きていたときどういう人間であったかを知っているわけである。よほど悪いことをして多くの人を苦しめ、悩ましていたのであろう。それがいま、こういう体になって、こういう悲惨な状態に陥っている。

それを目《ま》のあたりに見て、大目犍連は、思わず、そうかそうかとうなずいて、なるほどなあ、と満足の笑みが浮かんだということなのであろう。聖者である大目犍連が、霊障のホトケが苦しんでいるのを見て、ニッコリ、欣然として笑ったというのは、ちょっとどうかと思われないでもないが、しかし、この男は、よっぽど悪いことをしていたのにちがいない。多くの人を殺し、傷つけ、無数の人に耐えがたい苦しみをあたえていたのであろう。そうして、自分は、権勢を得、高い地位に昇って、思う存分のことをしていたのであろう。そういう生前の彼を知っている大目犍連には、これはとうてい許しがたい、悪いやつだ、という認識があったわけである。おそらくその男は、権力をふるって多くの人を泣かせ、思うままのふるまいをしてこの世を去ったのであろう。大目犍連は、それを見て、あんな悪いことをしたやつが、あのまま事なく人生を終わるなんて、カミもホトケもあるものか、という思いがあったのであろう。それが、いま、ふと見ると、その男がたいへんな苦しみに遭《あ》っている。

「なるほどなあ、あの男だったらこういう目に遭って当然だ。やっぱり、そうなのか、そうかそうか」

そう思って、思わずニヤッと満足の笑みが浮かんだというのであろう。

「饒益せざる苦を受く」

これが、地獄の苦しみなのである。

人がいろいろな苦労をして、それを我慢し、耐えるのは、その苦労することによって、なにかを得る楽しみがあるからである。一生懸命はたらく、夜も寝ずにはたらく。苦しいけれども、それによって収入が多く得られ、生活が安定し、将来が楽しみだからである。友人が楽しそうに遊んでいるのに、徹夜で勉強する。それによって一流校に入れるという喜びが得られるからである。

ところが、苦しい思いをして、それに耐えても、なにも得るところがない、というのでは、こんなつらいことはない。まさに地獄の苦しみである。イヌやワシに生身の体を食いちぎられるのは、この上ない苦痛である。しかし、その苦痛を忍べばなにかよいことが得られるというのであれば、なんとか我慢できないことはない。しかし、この不成仏霊の男には、それがまるっきりない。苦しみのための苦しみである。そこにはまったく救いがないのだ。もっとも、こういう苦しみを嘗《な》めているのは、あながち、この不成仏霊の男だけではあるまい。われわれの周囲にも少なからず見受けられるように思われるのであるが、

大目犍連は、

「そういうわけで笑ったんだ」

と、お釈迦さまの御前《みまえ》で、勒叉那比丘に解説したのである。

すると、それをお聞きになったお釈迦さまは、かたわらにいる修行者たちに、こうおっしゃったのである。

「善い哉、比丘我が声聞中、実眼・実智・実義・実法に住し、決定して通達せば是の衆生を見る」

――よろしい。修行者たちよ。ただいまの大目犍連のいったことは、そのとおりである。我が声聞《しょうもん》中――。声聞というのは、元来、声を聞く、という文字のとおり、お釈迦さまの説法の声を聞いて悟りを開き成仏した仏弟子のことをいう。そこで、ここでは、わたしの弟子たちの中で、という意味である。後世になって、それを広義に解釈して、お釈迦さまの説かれたことを本で読んだり、経典で読んだりして仏道修行をする人をも、声聞とよぶようになったのである。

ここでは、わが弟子たち、という意味で、

「わが弟子たちの中で、実相を見る目をそなえ、実相を知る智慧を持ち、実在の意義を悟って、正しい仏法（成仏法）に通達した者は、みな、大目犍連の見たような衆生を見るのである」

そうおっしゃって、さらに、じつに重大なことをのべられたのである。

それは、

「我れも亦た是の衆生を見る」

――わたしもまた、この衆生の、こういう存在を見るのである。

これはじつにたいへんなお言葉である。

日本の仏教家のほとんどは、お釈迦さまは霊魂を説かなかった、霊魂の存在をみとめなかったといっている。そこで、桐山靖雄が、不成仏霊とか霊障などということをいうのは、仏弟子と称しながら邪説を説くものであるなどと得意顔で批難攻撃を加える坊さんが出てきたりする。すべて勉強不足なのである。

なるほど、お釈迦さまは、「霊魂」という言葉はつかっていない。だから、短《たん》絡的《らくてき》思考で、お釈迦さまは霊魂を説かなかった、とこう結論を出してしまう。だが、霊魂という言葉はつかわなかったけれども、お釈迦さまは「人間は五蘊《ごうん》（陰）が仮合した存在であるが、死を迎えると五蘊は散り散りになる。しかし慢によって生じる渇愛（タンハー）が、陰と与《とも》に相続して再び現れる」と霊魂の存在を説いている。あるいは「意生身（意《こころ》だけで生きている存在）」という言葉で、死後の生命の存続を説いているし、この経典では、はっきりと、自分もまた大目犍連の見た衆生を見るのである、と弟子たちに断言されているのである。

この、お釈迦さまの説いた死後の生命の存在を、わたくしは、「不成仏霊」と名づけ、大目犍連の見た存在を「霊障のホトケ」と名づけているのである。

そもそも、「霊」の実在をみとめず、「霊」の存在を説かない宗教家など、古今東西を通じて、いたためしはないのである。いたとすれば、三流、四流のエセ宗教家である。なぜならば、「霊」は実在するのであって、それが信じられないのは、「霊性」という、霊の存在をキャッチする能力《アンテナ》が欠落しているのであり、霊性のない宗教家というのは、宗教家ではないのである。

ただし、お釈迦さまは、それをめったに説かなかったのである。つまり、目のない連中に説いたところでわかりっこないので、いたずらに誤解と混乱をまねくばかりだから、わたしは説かないのだ、とこうご自身がいっておられるのである。

「我れも亦た是の衆生を見て、而かも説かざるは信ぜざるを恐るるが故なり」

とお釈迦さまはいう。

ただし、それにはわけがあるのであって、ただ単純に、他から誤解を受けるのは困るから、というのではなかったのである。

「所以は何ん。如来の所説を信ぜざる者有らば是れ愚癡の人にして、長夜に当に饒益せざる苦を受くべければなり」

つまり、

「如来――ブッダになられた方から発せられた言葉を信じない者は、報いによって、饒益《にようやく》せざる苦を受けるようになる。つまり、地獄に堕《お》ちるのである。そうなると、その者がかわいそうであるから、自分はいわないのである」

お釈迦さまのいわれたことを信じない者は、大目犍連の見た不成仏霊とおなじようになってしまうのである。そこで、そういうおろかな者たちをあわれむがゆえに、お釈迦さまはめったに、不成仏霊の存在や、霊障のホトケについて説くことをしなかったのである。しかし、いまは、大目犍連が口を切ったことであるから、お釈迦さまはこういったのである。

「我れも亦た是の衆生を見る……」

と。

じつに千鈞《せんきん》の重みを持ったお言葉ではないか。

現世の報い

以上が「好戦経」「屠羊者経」の解説である。

いかがであろうか?

身勝手な理由で人を殺したり、苦しめた者は、死後このような悲惨な姿になって苦しむということを、お釈迦さまご自身がおっしゃっているのである。

世の人々の多くは、人間は死ねば無になると考えている。しかし、人は死ねばそれで終わりではなく、かならずつぎの世に生まれ変わる。しかも一度生まれ変わればそれでおしまいではなく、何度も生と死をくり返す。輪廻から解脱しないかぎり、永久に転生しつづけるのである。

輪廻転生の真実を理解すると、人間は現在の生き方を見直さなければならなくなる。なぜならば、現世のありようが来世の運命を左右するからである。

死ねばそれで終わりであるならば、これほど気楽なことはないであろう。自分という存在が消滅するのは悲しいことではあるが、来世がないのであれば、この世を思いきりおもしろおかしく生きればそれでよいわけである。しかし、来世は確実にある。

現代人の多くは、人が輪廻転生することを知らない。また、現世でのおこないと来世の運命が直結していることも知らないのである。その結果、無差別殺人などの犯罪が急増しているのだ、とわたくしは考える。

そうであろう。現世のつづきに来世があることを理解したならば、無差別殺人などとうていできない。自分さえよければどんなに人を苦しめてもよい、という発想は生まれないのである。かならず現世に責任を持たなければならなくなる。

自分のおこないはかならず自分に返ってくる。要するに因果応報《いんがおうほう》である。この因果応報という言葉は、現代では死語のようになっているが、しかし、これは真実である。現世でのおこないに応じて、来世が展開されていくのである。

この真理を伝えることは、現代において最も必要なことである。それで、わたくしは、

「来世は現世の延長線上にあるのだから、現在の生き方を決して粗末にしてはいけない」

と主張するのである

死ねばそれで終わりではなく、来世はかならずある。そして、現世の報いを受ける。無差別殺人などを起こした人間は、現世でも罰せられ、死後も霊的世界で苦しみ、生まれ変わっても非常な苦しみを受ける。この世で非道なことを

した人間は、来世で幸福を得られる道理がないのである。

まさに、お釈迦さまが「好戦経」などで説かれているとおりなのである。通り魔殺人や無差別殺人などを起こして死刑に処せられた人なども、当然のことながら来世は不幸である。悲惨といってもよいであろう。現世での屈折した心が存続するのはもちろんのこと、手前勝手に多くの人を殺したという最悪の業によって、来世は苦しみ抜くことになる。かならず、不運きわまりない運命を背負って転生するのである。

反対に、この世で人を助け、人に喜びをあたえて生き、人に惜しまれてこの世を去った人は、よい運命の人間として生まれ変わる。これは間違いない。

昔から、

「現世でよいおこないをした人は来世はよい境界に生まれ、現世で悪いおこないをした人は来世で悪い境界に生まれる」

というが、これは勧善懲悪《かんぜんちょうあく》的教訓ではなくて、真実なのである。

人は長い経験によって、その真理を悟ったのであろう。

ほんとうに輪廻転生はあるか？

ところで、

「人間は生まれ変わる」

といっても、なかなか信じない人もいる。

当然であろう。ほとんどの人が、自分自身の前世のことを覚えていないためである。

しかし、中には、臨死体験をする人や前世のことをはっきりと記憶している人たちもおり、その体験がまとめられて本として出版されている。わたくしはそのような本を読むと同時に、前世の記憶を持つ人や臨死体験をした人に直に会い、いろいろと調べた。

まず、江戸末期の時代に起きた転生について、くわしく記述した珍しい記録があるので、それを紹介する。

昔から、転生についての記述はいくつもあるが、その多くは、伝聞の伝聞であったり、人名、地名があいまいであったりして、信憑性《しんぴょうせい》が乏しい。

その中で、この記録は、ある大名の領地内に起きた不思議な一大事件として、差配《さはい》の役人が、逐一《ちくいち》、領主に報告したものにもとづいたもので、公文書の一種とも見られるものである。したがって、信憑性も高いし、内容も詳細にわたっていて、はなはだ興味深いものがある。

この記録は、小泉八雲（ラフカディオ・ハーン）が蒐集《しゅうしゅう》したもので、「勝五郎の転生」という題で、『小泉八雲全集』（第一書房）におさめられている。それを転載する。（新字・現代仮名づかいに改めた）

不思議な少年「勝五郎の転生」

これから書き下す事柄は作り物語では無い――少くとも私の作り出した物語の一つでは無い。これは日本の古い一つの記録――或は寧ろ記録類系ともいうべき物を翻訳したのであるが、それにはちゃんと署名もしてあれば捺印もしてあり、その上この世紀の初期に遡っての日付さえ記入してあった。私の友人の雨森氏《あめのもり》は日本や支那の珍しい写本をいつも猟《あさ》って歩く仁《ひと》で、そういう珍本を掘出すことにかけては非凡な腕前を持っておるように見えるが、その仁《ひと》がこの写本を東京の佐々木伯爵家の書庫で見出したのである。氏はこれを珍しい本だと思ったので親切にも私にこれを写させてくれた。私はその写した書物を台本としてこの訳をものしたのである。私は本書の付録として書いたところの二三の注釈以外の事柄に関しては何等の責任を持っておらぬ。

多聞伝八郎の調書写

私の地内の百姓で目今武蔵国多摩郡中村に住んでおる源蔵と申す者の二男で当年九歳になりまする勝五郎の一件は次のような次第であります。

昨年の秋の間のことでありましたが、或時、源蔵の子、前記勝五郎がその姉に彼の前生のことや転生のことを物語ったそうですが、姉はそれを子供の出鱈目な話だと思って注意を払わなかったのです。併しその後勝五郎は同様の物語を幾度も幾度も繰返すので姉も初めて不思議なことに思って終にこれを両親にも告げたのであります。

去年十二月の間に源蔵自身がこの事柄について勝五郎に質ねましたところがそれに対して勝五郎はこう公言したのであります。

『私は前世では武蔵国多摩郡の小宮様の領内程窪村《ほどくぼむら》の百姓久兵衛とかいう者の子でありました』

『久兵衛の子と生れたこの私勝五郎は六歳の時に疱瘡を病んで死にました』

『それから後源蔵の家に転生《うまれかわ》ったのであります』


この話は嘘のようでしたが勝五郎は余りに委しく余りに明かにその物語の事情を繰返して話しますので、その村の庄屋や長老等《おもたち》はこれを形式《かた》の如く調べてみました。ところでこの事が早速世間に広く知られたので伴四郎とかいう者の家族の耳に入りました。伴四郎は程窪村に住んでおった者でありま す。彼は私の地内の百姓、前記源蔵の家へと参りました。そしてこの少年が彼の前世の両親の肉体《からだ》の容子や顔の特色《かっこう》等に関してかねがね話していた事柄や、或は又、彼が前生で住んでいた家の様子等について物語っておった事柄が皆一つとして事実で無い物は無いということを知りました。そこで勝五郎は程窪村の伴四郎の家に引取られました。村の人達は勝五郎を見て藤蔵さんそっくりだと申しました。藤蔵というのは余程以前に、然かも六歳の時に死んで仕舞った子供であります。その時以来この二家族は折さえあればお互に往復しております。他の隣接村の人達はこれを伝聞したものと見え、勝五郎の顔を見に来る人が毎日毎日絶えないという有様であります。

以上の事実に関する証言が私の地内に住んでおる人達に依って私の面前でなされましたから、私はその源蔵なる男を私の家へ呼出して調べてみました。私の訊問事項に答えた彼の言葉は他の人達の述べた前記の口供事項と何等矛盾《ちがう》するところはありませんでした。

この種類の評判は世間に於て人々の間にひろがることは時々あるものであります。このような事柄は信ずることが困難であるのは固よりでありりますが、私はただこの差当っての事件を御耳に入れまして、私の怠慢の罪を免れ度いばかりに御報告申上げる次第であります。

［署名］　多聞　伝八郎

文政六年（一八二三年）四月

松平観山から泉岳寺の僧貞金に与えた書状写

この書面と同封で勝五郎転生の物語をお送り致します。この書は私が通俗的に書いてみたもので、その趣旨はかゝの仏教の難有い御教えを信じない人達を沈黙させる為にはこの書が効果が多いと思ったからであります。言う迄も無くこれは文学書としてはつまらぬ作であります。私が今これを貴僧にお送りするのは、こういう見方でこれを御覧下さった場合にのみ御興味を引くことが出来得ると思ったからであります。併しこの話其物について申せば誤謬の点は一つもありません。と申しますのは私がこの話を勝五郎の祖母の口から直接に聴いたからであります。これをお読みになったら何卒私に御返却を願います。

［署名］観　　　山

二十日（他に如何なる年代の記入も無し）

大名松平観山殿が通俗文で書かれた物語の写し

去年十一月の或日のこと、勝五郎が姉のふさと畠で遊んでいた時このようなことを質ねた、

『姉さん、貴女はこの家へ生れて来る前に何所におったの？』

ふさは答えた、

『生れる前にどんなことがあったかどうして分るものか』

勝五郎は驚いた様子で叫んだ、

『では姉さんは生れる前に何があったか思い出せないの？』

ふさは問うた、

『お前さんがそれを覚えておるの？』

勝五郎は答えた。

『覚えておりますとも、僕は程窪の久平さんの子でその時は藤蔵という名であったんだよ、姉さんはそれを皆《みんな》知らないの?』

ふさは言うた、

『あらまあ! 何を言うんですか、お父さんとお母さんに告げるわ』

勝五郎は直に泣きだした。そして言うた、

『姉さん告口しないで頂戴、お父さんとお母さんに告口したら大変だ』

暫時の後ふさは答えた、

『よし、よし、この度だけは言わないで置きましょう。でも復《こ》この《んど》ような善くないことを少《ちょっと》でも言うたらその時こそは告口するよ』

その日以後二人の間に喧嘩が持上る毎に姉は弟を嚇して『いいわ、いいわ、――あの事をお父さんとお母さんに告げてやるから』と言っていた。これを言われると勝五郎はいつも姉に降参して了った。ところがこれが幾度も起ったのでとうとう或日のこと両親はふさが弟を嚇しておるのを立ち聴きして了った。そこで両親は勝五郎が何か善くない事をやったに相違ないと思って、それを何とかして知り度いと考えた末ふさにこの事を質ねたのである。ふさは終に事実を明かした。これを聴いて源蔵夫婦も勝五郎の祖母も何という不思議な事だろうと愕いて了った。そしてその結果彼等は勝五郎を呼んで最初は甘言で賺し次には嚇して、一体お前はどういう意《こころ》でこのようなことを言うのだかと質ねた。

勝五郎は躊躇した後こう答えた。

『残らず申します、僕は程窪の久平さんの子でありました、そしてその頃の僕のお母さんはおしづさんという名でありました。僕が五歳の時、久平さんは死んで、その代りに伴四郎さんという男《ひと》が養子に来て僕を大変《たいへん》に可愛がってくれました、併し僕はその翌年丁度六歳になった時に疱瘡にかかって死んで了いました。それから三年目に僕はお母さんのお腹に宿って復生《また》れて来ました』

これを聴いて両親も祖母さんも大に驚いた。そして彼等は程窪の伴四郎という者について出来得る限り委しく調べて見ることにした。併し何といっても彼等は生活の糧を得ることに毎日追われていて、他の事柄の為に殆んど時間を用いることが出来なかったので直に彼等の目的を遂行しようとしても駄目であった。

勝五郎の母せいは今はその女児つね――四歳の――に夜な夜な乳をくれなくてはならなかった。それが為に勝五郎は祖母のつやに抱れて寝た。彼は時々寝ながらお祖母さんに話すことがあった。或夜彼が非常に打寛いだ様子で何事でも彼女に話しかけるという気分になっておったので、お祖母さんは彼にお前が死んだ時にどんな事があったのか私に教えてくれぬかと言い出した。そうすると彼はこう答えた。――『四歳の時迄僕は何でも記憶していたが、それから後というものはだんだん物忘れするようになって、今では沢山の事を忘れておる。それでも未だ忘れておらぬ事は疱瘡にかかって死んだことだ。それから未だ覚えておることは壺に入れられて丘の上に埋められたことだ。丘にゆくと其所の地面に穴が一つ造られた。そして其所へ来た人達はその穴の中へ私の入っておる壺を落した。ぽんといって落ちたよ——あの音だけは今でも能く覚えておるよ。それからどうしたのか知らぬがともかく僕は家へ戻って僕の枕の近くを離れなかった。暫くすると或る老人——お祖父らしい老人——が来て僕を連れ去った。歩いてゆく時何だか飛行でもやるように虚空を突切って走った。二人が走った時は夜でも昼でも無かった事を僕は記憶しておる。それは常に日没時《たそがれ》の様であった。暑くも寒くも無く亦お腹《なか》もへらなかった。二人は余程遠く迄往ったように僕は思っておるが、それにしても僕は僕の家で人々の話しておる声をいつも聴くことが出来たよ、幽かではあったが——そして僕の為に念仏の声が上げられておるのが聞こえた。亦家庭《うち》の人達がお仏壇の前に温い牡丹餅を供養してくれると僕はその香気《におい》を吸い入れたことも記憶しておる——お祖母さん、仏様に温い食物を供えることを忘れてはいけません、お坊さんにでもそうですよ——これは大きな功徳になるんだよ——それから、これはつい思い出すだけのことであるが、その老人は何か迂廻《とおまわり》した道を経《とお》て僕をこの場所へ伴れて来たようである——僕達の通《とお》ったのはこの村の向うの所だ。そして僕達は是所へ来た。彼はこの家を指差して僕に言った――『さあ是所で転生《うまれかわる》するんだよ、――お前は死んでから三年目になるが今この家で生れかわることになっておる、お前のお祖母さんに成る人物《ひと》は大いそう親切だ、だから其所でお腹《なか》に宿って生れて来るのはお前の幸福さ』こう言って了うと老人は消え去った。僕はこの家の入口の前で柿の樹の下で暫く立止まっていた。それからいよいよ家に入ろうとすると家の内側から話し声が聞こえて来た。誰れかが言った、『お父さんの収入《もうけ》が余りに少いから、お母さんが江戸へ奉公に出掛けなくてはならぬだろう』。僕は『これではこの家へ入らないことにする』と思った。そして三日間庭の中に留っていた。三日目になると結局ここのお母さんが江戸に出掛けないことにした。そこで私はその夜雨戸の節孔《ふしあな》から家の中に入った――その後三日間というものは竈《かまど》の側にとどまっていた。そしてその後初めてお母さんのお腹に入った――私は全く少しの苦痛も知らずに生れて来たことを覚えておる。――お祖母さん、『これはお父さんとお母さんに話してもいいがその外の人には誰れにも話さないで下さいよ』

祖母は勝五郎が彼女に話してくれた事柄を源蔵夫婦に語り聞かせた。そしてそれ以後勝五郎は少しも恐るることなく自由に彼の前生話を両親にしていた。彼は度々両親に『程窪へ行き度い。久平さんのお墓参りをさせてくれ』と言っていた。源蔵は勝五郎が変な子だから遠からず死ぬかも知れぬ、だから伴四郎という者が程窪に事実居たかどうかを迅く調べてやった方がよかろうと考えた。併し彼はこのような事（このような事情の下でか？）を為《す》るのは男としては軽率でもあり亦出過ぎたことにも見えると考えたから自分からすすんでこの調べを実行することを欲しなかった。そんな理由で彼は程窪へ自分で行くことは止めてお母《ふくろ》のつやにこの年の一月二十日に其所へ孫を連れていってくれと頼んだのである。

つやは勝五郎を連れて程窪へ行った。二人が其村へ入ると彼女は手近の家を指差して勝五郎に『どれなの？　この家？　あれ？』と問うた。勝五郎は『否、もっともっと遠くだよ』と答えた。そして彼女の前に立ってさっさと急いだ。やっと一軒の住家に着いたので彼は『これなんだよ！』と叫んだ。そしてお祖母さんの来るのも待たないで其家へ走り込んだ。つやは彼の後について家に入って、この家の主人の名を問うた。問われた者の一人は『伴四郎の家だよ』と答えた。お祖母さんは更に伴四郎の妻の名を質ねた。答えは『しづ』ということであった。次に彼女はこの家に藤蔵という子が生れたことがあったかと問うた。『あるよ、併しその子は六歳の時に死んで仕舞って今は十三年目になる』というのがその答えであった。

この時つやは初めて勝五郎が今迄事実を話しておったことを知って溢れ落つる涙を禁ずることが出来なかった。彼女はこの家の皆の人達に勝五郎が彼の前生を覚えておって彼女に話していたことを語り聞かせた。これを聴いて伴四郎夫婦は非常に驚いた。彼等は勝五郎を撫でて涙にかきくれながら、勝五郎は昔六歳の時に死んだところの藤蔵として美しかったよりも、今の方がもっと遙に美しいなぞと言っていた。そのようなことのあった間勝五郎は周囲を見廻していた。そして伴四郎の家の向側に在る煙草屋の屋根を見て其所に指差しながら『あれは彼方になかったんだが』と言った。亦こんなことも言ったのである、『彼方の樹木はあんな所に無かったが』と、是等は悉く真実であった。こんな訳で伴四郎夫婦は終に心の底から疑念を棄てて仕舞った（我《が》を折った）。

同日につやと勝五郎は中野村の谷津入に戻って来た。この後源蔵はその子を幾度も幾度も伴四郎の家に遣って彼の前生の実父久平の墓に参詣することを許した。

時としてはこのようなことを勝五郎は言うのである――『僕は仏様《ののさま》だ、だから何卒僕を大切にして下さい』亦お祖母さんに『僕は十六歳になると死ぬよ、でも御嶽様《おんたけさま》が僕に教えて下さったことによると死ぬことは何でも無いそうだ』と言うことも時々ある。両親が彼に『お前は出家する心はないか』と問うと彼は『そんな気は無いよ』と答える。

村の人達は彼を最早勝五郎とは呼ばないで程窪小僧（小僧とは僧侶になろうとして修業する若者のことである、併しこれは使走りをする者や或は時としては下僕の年若き者を呼ぶに用いられたこともある、恐らく昔は男の子供は頭を剃っておったからだ、私はこの文の場合に於ての意味は仏教の僧になろうとしておる若者ということだと考えておる）と渾名をつけた。誰れかが彼に会おうとして家を訪れると彼は直《すぐ》に羞しがって奥へ走って隠れて了う。だから彼とめんと向って話をすることは出来ぬ。私はこの話を彼のお祖母さんから聴いたままに書き下した。

　私は源蔵、その妻及びつやにお前さん達は何か功徳をしたことがあるんだろうと質した。源蔵夫婦は別にこれといった善行は行《や》った覚えは無いが、ただお祖母さんのつやが毎日朝と晩には必ずお念仏を繰返して唱えることにしておる、そしてお出家さんや巡礼者が戸口に来れば二文《もん》（当時にありては最も小さな貨幣で一仙の十分の一に相当す、今日厘という銅貨があって中央に四角な孔が一つ明いていて、表面に支那文字のついておるのがあるが文《もん》はそれと略々同じものである）施すことにしておったと答えた。併しつやは是等の小功徳の外に特に目立った大善事を行ったことは無かったのだ。――（勝

五郎転生の話はこれで終った）

アウシュヴィッツから転生した少女

輪廻転生の実例についての報告は、日本だけではない。

海外にもじつに数多くの実例が存在するのである。

阿含宗は二〇〇六年、ポーランドのアウシュヴィッツ強制収容所遺構で「アウシュヴィッツ大柴燈護摩供《だいさいとうごまく》」を奉修し、ナチスによるユダヤ人大虐殺の犠牲者をご供養申し上げたが、この大虐殺の犠牲者の転生も報告されているので紹介しよう。

約二十年前より、アメリカやヨーロッパにおいて、転生、再生を信じる人々が、急速に増加しはじめた。（再生とは、顔かたち、職業、環境など、まったくおなじ人間が、ある意図をもって、再びこの世に出現するという、輪廻転生の一種である。くわしくは旧著『君は誰れの輪廻転生《うまれかわり》か』を参照されたい）

これまでにも、輪廻転生を信じる人たちは少なからずいたものの、それを、表立って口にしたり、筆にするものは少なかった。キリスト教が、教義の上で、転生や再生をみとめなかったからである。それが急速に変わって、転生や再生を信じる人たちが、圧倒的に多くなってきたのは、二つの理由による。

ひとつは、霊能者エドガー・ケーシーの霊視によるカウンセリングである。

ケーシーは、霊視によってその人の前生を透視し、それによって、その人の抱えるさまざまな問題《トラブル》や不幸を解決に導いた。

これを、ケーシーは、「リーディング」とよんだが、彼は一生のうちに一万八千件にのぼるリーディングをおこなった。ときには、間違いと思われるものもあったが、彼の霊視は、大半、適中していた。

ケーシーのリーディングは世間にひろまり、評判となって、多くの人々に、輪廻転生、再生の事実があることが、認識されるようになったのである。

もうひとつは、ナチスによるユダヤ人の虐殺《ぎゃくさつ》である。

一九三九年九月、ナチスはポーランドに侵攻し、ユダヤ人の虐殺を開始した。究極的に、数百万人のユダヤ人が虐殺された。

この虐殺された恐るべき数のユダヤ人たちが、つぎつぎと再生し、その前世の記憶を語りはじめたのである。

虐殺された数が多いだけに、再生者の数もいまだかつてないほどの数にのぼった(いや、のぼりつつある、といったほうが正しいであろう)。

史上いまだかつてこれほどの数の人間が、短期間に、急速に殺された例は稀である。もちろん、数百年にわたる歴史をたどったら、まったくないということもなかろうが、長い年月を経ていては、その再生が事実であるかどうか、確認することが困難である。

ユダヤ人虐殺の歴史は、いまだわれわれの耳目に新しい。再生者の記憶を確認することは可能である。

これら、大多数の再生者の記憶を、多くの科学者やジャーナリストが調査して、その大半が事実であることが確認された。このことが一般社会に知れわたって、多くの人々も、転生、再生の事実であることを信ぜざるを得なくなったのである。

ユダヤ人虐殺が惨酷きわまるものであるだけに、彼らの語る再生の記憶は、鮮烈である。

彼らの中には、外国に転生して、一度もドイツに行ったことがなく、強制収容所についての知識はなにもないはずであるのに、自分が収容されていた建物、場所等についてくわしくのべ、ある場合には、図面まで画いて示す者たちがいた。調査の結果は、まったくそのとおりであった。

ラビ・ヨナサン・ゲルショムののべる再生者ジュディは、その一人である。ゲルショムは、つぎのようにのべている。（片桐すみ子編訳『輪廻体験』人文書院）

アメリカの交換学生としてドイツで暮らしたジュディは、ドイツに滞在中、強制収容所跡の見学を含む旅行に参加した。彼女によれば、まるで同時に二つの人生を生きているようだったという。何もかも驚くほど見覚えがあり、ガイドが説明する前に、すべての建物がどこに建っていてどんな用途に使われたのかがすっかり分かってしまった。彼女が死んだときにいた建物はずっと前に取り壊されていたが、彼女はその位置を正確に知っており、自分が死ぬ光景を見たのだった。

　快晴の日で、通路には砂利が敷いてあったにもかかわらず、旅行の間じゅうジュディはぬかるみの中を歩いているような感じがした。一方、一九四〇年代には砂利はなく、どこまでもぬかるみだけが続いていたのである。見学を終えて戻ったジュディが靴を脱いだところ、靴底は乾いていたが、どういうわけか足とソックスは泥だらけだった！　汗だろうか？　それとも彼女は前世を「見学して」きたのだろうか？


「見学」？　とんでもない。彼女は、前世を見学したのでもないし、もちろん、汗をかいたのでもない。

　再生者ジュディは、前世のある状態を再現する能力を持っているのである。もちろん、彼女自身は、そんなことに気がついてはいない。しかし、前世のある部分や条件を再現する能力を身にそなえているのである。

転生者や再生者について調べたり考えたりするとき、このことを見落としてはならないのである。

おなじく、ゲルショムは、つぎのような例をのべている。


私がある社会福祉事業所ではじめて出会った未婚の母、ビヴァリーの場合を例にとってみよう。彼女は父が非ユダヤ人、母がユダヤ人だったが、そのことはごく内密にしていた。ビヴァリーは大人になるまで自分がユダヤ人だということを知らず、したがってユダヤ人の習慣や信仰についての素養もなかった。だから彼女がはじめてユダヤ教の宮清めの祭りであるハヌカー祭のろうそくに火をともしたのは、私の家でのことだった。

それからしばらくの間、ビヴァリーは我が家で行なうユダヤ教の儀式に何度もやってきて、私たちは親しくなった。彼女は事実上の文盲だった。つまり彼女はこれまでに大虐殺や輪廻転生についての本を読んだことはないわけである。

それにもかかわらず、ビヴァリーは子どものころ同じ悪夢を繰り返し見た。夢の中で彼女は八歳くらいの少年で、列の中に母親といっしょに立っており、やがて一人の男のいる机の前までできた。男はある者には右へ、ある者には左に行くように命じており、指図されて少年と母親はドアをくぐった。

場面は一転して、二人は悪臭のする恐ろしい場所にいた。そこでは男たちが人間を生きたまま火に投じていて、少年も投げ込まれた。彼は火を消そうと手で身体をたたきつづけながら死んでいった。

ビヴァリーがこの夢の話をしている間、部屋には肉の焼ける臭いがたちこめた——外でバーベキューをしているのでもなければ、台所で何か焼いているわけでもなかった。

このあと、ビヴァリーのたしかに再生者である確認事項がつづいているが、こういう例はわたくし自身も、いくつか見ている。

彼らには、前世の自分の運命、人生、人間関係等を、再構築する力があるのである。

すでにご承知のように、キリスト教では輪廻転生を否定している。ところが、そのキリスト教を奉じる国で、右のような研究がなされているのであるから、非常に興味深いといえる。

だいぶ前になるが、一九八二年に米国でおこなわれたギャラップ調査（アメリカ世論調査所がおこなう世論調査）で、同国民の二三％が輪廻転生を信じていることがわかった。また、英国紙「Sunday Telegraph」（一九七九年四月十五日版）では、英国民の二八％が輪廻転生を信じているという調査結果を発表している。とともに、国民の約四分の一が輪廻転生を信じていることを示している。

釈迦が説いた輪廻転生

わたくし自身は、輪廻転生が事実であると考えている。

仏教開祖のお釈迦さまが「阿含経」において、輪廻転生があることを断言されているが、自らの修行体験や研究からも、そのお言葉が真実であると実感している。

そもそも、人間は高度の精神活動をおこなっている。その生命エネルギーや精神エネルギーが、死と同時にまったくの無になるとは、とうてい考えられない。なんらかのかたちになって、そのエネルギーは存続するはずである。そして、それが新たな生命に生まれ変わるのだ、とわたくしは思う。

その存続するエネルギーを伝統的な言葉でいえば、魂魄《こんぱく》あるいは霊魂になるであろう。霊魂の真ん中に魄《はく》というものがあり、これはその人間の記憶を全部持っている。要するに意識の中心である。これが中心となって生まれ変わっていくのだ。

お釈迦さまがお生まれになった時代、つまり古代インドにおいては、ほとんどすべての人が輪廻転生を信じていた。彼らはそのために、常に来世に対する不安を抱いていた。なぜならば、この世ではよい人生を歩んでいたとしても、来世もまたそのように幸福であるという保証はどこにもなかったからである。

彼らは悲惨な運命を持つ人間に転生することを恐れた。また、それ以上に、死後に地獄界や餓鬼界に堕ちたり、さらには家畜などの動物に転生することを非常に恐れたのである。そして、来世は幸福な人間に生まれるように、できれば天上界に神となって生じるようにと願って、神々に供物を捧げて祈った。

お釈迦さまはそのような時代に登場されて、

「業を消滅させて輪廻を脱し、二度と生まれ変わらない自由自在の身となりなさい」

と説かれたのである。

たとえ来世はよい境界に生まれても、そこで不徳を積めばつぎは地獄界や餓鬼界に堕ちる。輪廻転生をくり返すかぎり、苦しみや不安は永遠につきまとう。だから、すべての業を断じ尽くして輪廻を絶ちなさい、とおっしゃったのである。

その、業を消滅させて輪廻を脱したお方を仏陀《ぶっだ》といい、輪廻を完全に絶った自由自在の境地を涅槃《ねはん》（ニルヴァーナ）とよぶわけである。さらにいえば、それらを獲得するための方法が「成仏法」なのである。

お釈迦さまの教法は古代インド人たちから非常に歓迎され、仏教教団はしだいに教勢を拡大していった。

しかし、現代の日本を見てみると、古代インドとは世相がまったく異なる。多くの人が輪廻転生を信じておらず、信仰心も希薄である。

だから、現代の日本人に正しい仏教を伝えるには、まず、輪廻転生や因縁果報の法則を教えなければならない、とわたくしは考えている。日本人は業報輪廻の教えから学ばなければならない。

多くの人が輪廻転生を心から理解するようになったならば、日本は一変する。日本人の生き方が変わって、通り魔殺人などはほとんどなくなる、とわたくしは考えている。輪廻転生の思想が身についていたならば、無法な生き方など決してできないし、また命を粗末にすることもできないからである。

日本の僧侶の中には輪廻転生を否定する人もいるが、しかしそれはおかしなことだといわざるを得ない。

なぜならば、仏教開祖のお釈迦さまご自身が「阿含経」の中で、弟子たちの輪廻転生について説かれているからである。たとえば「雑阿含経・仙尼経」には、

「是《こ》の諸《もろもろ》の弟子は身《み》壊《やぶ》れ命終《みょうじゅう》して彼彼《ひひ》の処《ところ》に生ず（これらの弟子たちは死後にこのような処に生まれ変わる）」

とある（『仏陀の真実の教えを説く　阿含経講義　上』平河出版社　二四四頁参照）。このお経以外にも、「阿含経」の各所に輪廻転生に関することが説かれているのである。

にもかかわらず、輪廻転生を否定する僧侶がいるのであるから、信じられない。おそらく、彼らはお釈迦さまの説かれた「阿含経」を読んでいないのであろう。あるいは読んではいるけれども、霊眼を持っていないために、信じることができないのかもしれない。

しかし、わたくしは成仏法によって霊眼を得て、輪廻転生の実例を霊視している。だから、お釈迦さまのお言葉は真実である、と断言することができるの

である。

死後の世界

ここで、私の霊視した死後の世界をご覧いただこう。

すでに、わたくしは、若いころから釈迦の成仏法の修行を重ね、霊視能力を身につけていたが、一九八三年にチベット仏教ニンマ派より、一九九三年にはチベット仏教サキャ派より秘法を受けて「ラマ（チベット仏教の高僧）」となっている。さらに今般、チベット仏教の奥義がそのままのかたちで現代まで伝えられ、最も霊力が強いとされるブータン仏教カギュ派より秘法の伝授を受け、正式な阿闍梨《あじゃり》となった。密教最高峰とされるブータン密教の秘法を受けたのである。

現在、正統なるチベット仏教およびブータン仏教の主要三派より秘法を受け、体得している「ラマ」は、世界でもわたくし一人である。

さきほどわたくしは、現代人の多くが、

「人間は死ねばそれで終わりで、あとにはなにも残らない」

と考えているのではないかといったが、釈迦の成仏法とチベット仏教およびブータン仏教の奥義を体得し、高度の霊視能力を持ったわたくしの霊眼をもって視ると、その考えがまったく間違ったものであることがよくわかる。

阿鼻野街道《あびのかいどう》

では、人間の死後はどうなるのだろう。

チベットの『死者の書』なども参考にしながら、わたくしの霊視した結果をお話ししてみよう。

人間は、死んで意識がなくなるけれども、だいたい三十分ぐらいたつと意識が戻ってくる。自分が死んでいると気づかぬまま、ただぼやっと意識が戻る。すると、家族や知人が枕元に集まって、号泣したり、名前をよんだりしている。その光景はわかる。感じられるのである。

そこで、その死者は声を出して、「おれは大丈夫だよ、おれはちゃんといるよ」

というのだが、その声は届かない。ぜんぜん、通じないのだ。だから、死者は非常に苦しむわけである。おれが死んだと思って、みんな泣いているけれども、おれはなんともないよ、元気だよ、ということをしきりに伝えようとするのだが、それを伝えることができない。

いくらいっても通じないから、悲しくなって、外へ出てしまう。もう肉体を離れて霊体となっているから、身軽である。空中を流れるように、そおっと、すーっと出ていくのである。死者には、自分の行くべきところが、本能的にわかっている。こうしちゃいられない。おれは、あそこに行かなければならないんだ。それで、そこを目指して歩きはじめるのである。

どこに行くか。サイの広場というところである。表へ出ると、サイの広場へ通じる大きな広い道がずっとつづいている。これを阿鼻野街道という。死人《しびと》街道、あるいは亡者街道ともいう。

その阿鼻野街道へ、亡者が全部集まってくる。日本人だけでなく、世界中の死人が、みんなこの亡者街道へ集まってきて、それで、ぞろぞろ歩いている。

どういうふうに歩いているかというと、だいたい三車線ぐらいの道幅いっぱいにずらっと並び、前の人の肩に手をかけて、列をなして歩いている。

阿鼻野街道の、阿鼻というのは阿鼻（無間）地獄のことである。苦の絶え間がないことを無間《むけん》という。無間地獄では亡者は絶え間なく苦しみを受けつづける。阿鼻叫喚《あびきようかん》という言葉がある。叫喚とは叫喚地獄のことで、ここでは亡者は熱湯や猛火を浴び、絶叫し泣き喚《わめ》く。それで叫喚地獄と名づけられたのだ。したがって阿鼻叫喚とは、すべての地獄の悲惨な苦しみをさす。それが転じて、災害などでこの世が地獄の様相を呈するさまも、阿鼻叫喚というようになった。つまり、阿鼻野街道とは地獄街道だと思えばよいであろう。

こうして街道を歩きながらまわりを見ると、みんな白い帷子《かたびら》を着て、額に三角の布を張って、死人独特の顔をしている。それが、おんおん泣いている。それを見ると、ああ、おれもとうとう死んでしまったか、どうも死んだらしいなということが、実感としてよくわかってくる。だから、悲しくなっておいおい泣きはじめる。

そして、悲しいだけではない。この阿鼻野街道は、行き先が冷寒地獄に通じているのである。その冷寒地獄から、零下二、三十度の冷たい風が、ひゅーっと吹いてくる。それが全身に当たる。着ているのが木綿の単《ひとえ》の帷子だから、寒いのなんの、もう身も心も凍えるように寒い。そこを、とぼとぼ、とぼとぼ歩いていくと、体中が冷えきって、寒くて寒くてたまらない。

しかも、その道が平坦ではない。角石をずっと敷き詰めただけだから、痛いのなんの、とがった石の先に当たって足が切れてしまう。死んだ体だから出血はしないが、足の肉が切れてぱっくりあいて、大きな傷になっている。立ち止まろうとしても、後ろから押してくるから、止まるわけにはいかない。ほんとうならば、足は血だらけだ。そこへもってきて、寒い風が吹いてくるから、足が氷の棒のようになっている。それでも、後ろから押されるから、しかたなく、おいおい泣きながら歩いていく。

まわりを見ると死人ばかり。その死人の中に、テレビや新聞、雑誌で見た顔がときどき見える。政界や財界の大物、有名な芸能人、そういう人たちが、おなじように、おいおい泣きながら歩いている。

サイの広場に着くまで、十日ぐらいかかる。それまでこの道をずっと歩いていかねばならない。まさに阿鼻叫喚の光景である。

この阿鼻野街道の両側は、阿鼻野ケ原の原っぱで、一種の砂漠である。ところどころに、背の低い灌木《かんぼく》がひょろひょろと生えている。そこに、冷たい風がひゅーっと吹くと砂煙がぱーっと立って、そのつらいこと、つらいこと。もう心の苦しさと体の苦しさで、どんな豪傑だって泣かないわけにはいかない。みんな、おいおい泣きながら歩いている。

すると、道の両側に忽然《こつぜん》と小屋がけの屋台が出現する。赤い光や青い光のちょうちんをぶら下げた屋台が出ていて、焼き鳥やオデンを売っている。お酒も飲ませてくれる。そうすると、そばに寄ってくるものがいる。なにかと思うと、「新入りか?」と聞いてくる。「ああ、死んだばっかりだ」と答えると、自分は指導霊だから、面倒を見てやるという。

「くたびれただろうから、ちょっと休んでいきなさい」

と案内されたところが、大きな洞窟である。冷たい風がいくらか防げるから中に入ると、

「さあ、毛布があるから、体をくるんで、ここに寝なさい」

「はい、ありがとうございます」

地獄に仏とばかり喜んで、うとうとしたかと思うと、目がさめると豚になっていたり、犬になっていたりする。そんなところで引っかかると、犬や豚や鶏に転生してしまう。

『チベットの死者の書』（川崎信定訳）で、

「汝が動物として生まれる場合は、岩窟や洞穴や草庵が、露のかかっているようなありさまで見えるであろう。ここにも入ってはならない」

と説くとおりである。

サイの広場

しかし、そういう誘惑に引っかからずにどこまでも行くと、やがてサイの広

場に出る。このサイの広場は、無限大の自在な空間で、亡者が多くなればなるほど膨張して原っぱが大きくなり、人数が少ないとそれにつれて縮小する。

サイの広場をよろめきながらさらにずっと行くと、いちばん端が断崖絶壁になっている。そして、谷底には、三途の川が流れている。この断崖絶壁の向こうに、冥界（冥土）がある。冥界でよい徳を積み、つぎに冥界の向こうに聳《そび》える高い山（霊界）をよじのぼって、ようやく仏界へ到達して成仏できるのである。死者のほんとうの世界は冥界であるから、冥界に行くと、そこに安らぎの場がある。いうならば、自分のためにつくられた墓がそこにあるのである。そこへ行くと、安らいで眠ることができるのだ。

しかし、向こう岸に飛び越さないと冥界へ行けない。だから、みんなここに来て、飛び越そうとするのである。「そんなのわけないや。このくらいひとっ飛びだ」といって飛び越そうとしても、どっこい、そうはいかない。走り幅跳びの世界記録の保持者といえども、この空間を飛び越すことはできない。体が重くなっている。それは悪い業のせいなのだ。悪いことをしている人間には、体におもりがついている。不徳の数だけおもりがついている。だから、力いっぱい跳躍しても、飛び越せないで落ちてしまう。

三途の川（三瀬川）は、三つの瀬（流れ）を持つ急流で、いちばん手前の瀬は地獄界へ、そのつぎが餓鬼界へ、そのつぎが畜生界へと流れ込んでいる。業の深い人間は、思いっきり跳躍しても真下に落下し、地獄へ直行するのである。

中には、悟り澄ました坊さんがいて、「なに、このくらい、わしは悟って身が軽くなっているから、飛び越せる」といってぱーんと飛び上がる。すると、空《くう》の悟りを得ているから、軽いのでいくらでも高く飛び上がることはできるのだが、前へ進むことができない。ただ、ぱーんと高く上がっていくだけで、風に押し戻されて、またこっちに戻ってきてしまう。どうしても飛び越すことができない。

この老僧は、自分が極楽に行って楽をしよう、自分だけが助かりたいという気持ちで、坐禅を重ね、一生懸命悟りを開こうとしてきた。そして、首尾よく悟りを開く。けれども悟りを分けあたえて人を救ったということがない。だから徳がない。徳が飛び越すための推進力なのだ。人を救った徳の力がないと前に進めないから、風に吹き戻されて、もとへ戻ってしまう。なにくそと思って、また、ぱーんと飛ぶのだが、またもとへ戻ってしまう。何回くり返してもだめだから、しまいには、この老僧は恥ずかしくなって、こそこそどこかへ行ってしまった。

要するに、悪業を積んだ者は、身にその分重みが加わって、飛び越すことができないのである。いろいろ苦労して悟りを開いても、自分だけ助かりたいという、その業のために、飛び越える推進力がない。前へ進むことができない。

逃げていった老僧は、ときどき出てきては、いまでも飛んでいる。しかし、いくら飛んでも無駄である。三途の川に落ちないだけ儲けものなのだ。地獄行きはまぬがれても冥界にはどうしても行けないのである。

そういう連中が、このサイの広場にはごろごろいる。死人であるからだんだん肉が落ちて、白い骨が見えてくる。そういう半分白骨化した人間が、そこらじゅうにごろごろいる。これはみんな、飛び越えることをあきらめて、寝ているのだ。なにをする元気もないから、じっと寝ている。

けれども、年に一回、この絶壁の下から津波のようにざーっと波が上がってきて、そういう連中をさーっと地獄にさらっていく。飛び越えようという勇気もなければ、自信もないから、結局そういう状態になる。

中には、お金持ちの奥さんがいて、半分骨もあらわになっている体に毛皮のコートを着て、手には、十本の指に十個のダイヤモンドの指輪をはめて、しゃなりしゃなりと歩いてくる。

そこに老婆がいて、「そんなコートなんか着ていると、この三途の川は飛び越えられないよ。裸になって行きなさい。指輪も全部置いていきなさい」といって、身ぐるみ取り上げてしまう。これを奪衣婆《だつえば》という。

昔から奪衣婆は鬼婆だといい伝えられているが、それは間違いである。奪衣婆は観世音菩薩の化身なのだ。毛皮の外套、指輪などという、娑婆《しゃば》の執着や欲、煩悩にまみれた物を着けたままでは、三途の川は跳び越せない。奪衣婆は、一切の煩悩を捨て去り、身ひとつになって冥界へ旅立ちなさい、と教えてくれているのだ。奪衣婆は観世音菩薩の慈悲心のあらわれなのに、欲だらけの亡者には怖い鬼婆に映ってしまうわけである。

それでもここへきて、「私の財産はこの毛皮のコートしかないんだから、これを脱ぐわけにはいかない」と、コートをかたく身につけて、それで飛び越せずに落っこちて地獄へ流されていってしまう。これが人間の哀れさである。

そして、何百人に一人というような割で、首尾よく冥界へ飛び越すことができると、そこでようやく自分のお墓があらわれる。そして、そのお墓に入って安らかに眠ることができる。また、冥界へ行くと、子孫や身寄りの者がお供物として上げたご飯やお水やお菓子や果物などが目の前にあらわれる。

冥界へ行かないと、いくら身内の者がお供物を上げても届かない。目の前に出てこない。だんだん腹を減らして、それこそ餓鬼地獄の状態になる。のどが渇いても、水は飲めない。腹が減っても食べられない。肉体がないのだから、腹が減るわけがないのだが、習慣的・感覚的にそう感じる。だから、お腹がすいて、お腹がすいて、餓鬼になってそこらじゅう食べものをあさって歩く。いわゆる餓鬼の浮浪霊になるのである。

一方、業の重さに引かれて、三途の川へ落ちてしまった亡者は、激流に流されて地獄へ運ばれる。そこには、閻魔大王がいて、亡者を裁判にかける。

「おまえは人を泣かせたことがあるだろう」

「いえ、ありません」

すると、

「うそをつけ」

といって、大きな鏡の前に立たされる。その鏡はいわばモニターになっており、そこに、自分のやってきたことが全部映し出されるので、もうしようがない。

「恐れ入りました。どうか罪をお許しください」

「罪を償ってからだ」

ということで、そこから地獄の責め苦がはじまるのである。

まず、等活《とうかつ》地獄である。ここは、地獄の鬼がいて、大きな刺身包丁で体を三枚におろしてしまう。そしてそのおろした肉を大きな鉄梃《かなてこ》でどすんどすんと叩いて、平らなせんべいのようにしてしまう。それで、くるくるとだんごのように丸めてばしゃんばしゃんと叩きつけ、最後は足で踏んづけて、もう踏んだり蹴ったりという目に遭わされる。

ところが、そういう目に遭っても、しばらくすると生き返るのである。生き返って感覚がもとに戻る。もとの亡者になる。等活というのは等しく活きると書くのだが、さんざんひどい目に遭って、切り刻まれたあげくに、みんな等しく生き返るのである。生きていたときとおなじ生身の体に戻ったところでまた切り刻まれて、だんごのように丸められる。それをくり返す。何回も何回も。死ぬということができない。だから、苦しみが永遠につづくのだ。

そこをようやく出ると、今度は冷寒地獄である。もうほんとうに身も凍えるような場所で、何日間も、飲まず食わずで震えていなきゃならない。

そのつぎに、今度は冷寒地獄と反対の炎熱地獄。燃え盛る炎にさらされて、体中から脂を流して苦しむ。

そのつぎは針の山地獄へ追いやられるというように、地獄の苦しみが延々とつづく。そして、そのあげく、ほうほうの体《てい》でようやく冥界へ到着すると、自分の墓がそこにあらわれる。自分の名前が書いてあるから、その墓へ入って、ようやくほっと息をつく。そこで初めて、身内の者のご供養を受けることができるのだ。

けれども、冥界の苦しみは苦しみで、また起きてくるのである。

これが、わたくしの霊眼に映った、わたくしたちが死後おもむくところの世界の実相である。微に入り、細に入り、脚色の度合いが強いと感じられた読者もおありだろうが、これでも、穏やかな表現にとどめたつもりである。わたくしの霊魂観は、こうした霊的世界に日常的に接する中で形成されたものであることを、つけ加えておく。

絶対に必要な死後の世界の正しい知識

霊魂や死後の世界を信じていない人は、いざ臨終を迎えて霊魂になると、仰天して大混乱に陥る。それを避けるために、死後も霊魂は存在することを潜在意識にいい聞かせておかなければならないのである。

死後に阿鼻野街道やサイの広場に行かなくてもすむ方法はあとでのべるが、元気なうちに死後を考えておけば、臨終に際してきちんとした対応ができる。

そして、同時に現在を一生懸命に生きる心構えが生まれるのである。

それが、わたくしが何度も死後の霊魂の行方や輪廻転生を、くり返して説く理由である。

あなたには、わたくしのこの警告を魂に刻んでもらいたいのである。

第二章　輪廻転生瞑想法とは

生存しつづける人間

前章でのべたように、人間は死んでも生まれ変わる。しかも一度だけではなく、ちょうど車輪がぐるぐると廻《まわ》るように、果てしなく生と死をくり返す。それで輪廻転生というのである。

人は輪廻転生する。

果てしなく生と死をくり返すのである。

死んで霊的世界にも行くが、そこに永遠にとどまっているのではなく、ある日気がつくと生まれ変わっている。もちろん、前世の記憶や意識は残っていない。しかし、感性と運命の上では、前世の自分を引きずっているのである。そういう意味で生命は存続しているといえる。

「人間は輪廻転生しつづける」ということは、換言すれば生きつづけるということになる。

もちろん、いまの人生には限りがある。時期がくればこの世とおさらばして霊的世界へ行き、そののちにどこかへちがう人間（あるいは動物）として転生する。いまとはちがう存在にはなるものの、魂が存続されていくのであるから、永久に死なないといえるのである。

現代人の多くは輪廻転生を否定しているが、古代インドではほとんどの人が輪廻転生を信じていた。命あるものが永遠に生まれ変わることを知っていたのである。そして、じつは、古代インドの人々は輪廻転生を恐れていた。来世でも人間に生まれ変われる保証はないので、家畜などに転生して食べられてしまうかもしれない。また、あるいは人間に生まれ変わっても奴隷やそれ以下の階級に生まれることも考えられる。古代インドには厳格な身分制度があったので、彼らは来世に対して戦々恐々とした思いを持って生活していたわけである。

そして、

「この苦しみの世に生まれては死に、また生まれては死ぬという定めから脱したい」

と心から願っていた。

お釈迦さまはそのような時代に登場され、輪廻を断って寂静の境地である涅槃（ニルヴァーナ）に入る教法を説かれた。また、すぐに涅槃に入れない者には、来世で天に生まれる方法を説かれたのである。そして、このお釈迦さまの教法、つまり仏教はインド中に広まり、さらにはアジア各地へと伝播されていった。

そのように仏教は輪廻転生から脱することを最終目標にするわけであるが、わたくしはお釈迦さまの教法をさらに進めて、輪廻転生を利用するということを思いつき、このほどその方法を完成させた。それがお釈迦さまの成仏法をもとに編んだ瞑想法、「輪廻転生瞑想法」である。これを実践するならば理想的な来世を迎えることができる。

「阿含経」には、お釈迦さまが弟子たちに、

「よい境界に生まれたければこのような修行をして、悪行をおこなわないようにしなさい」

と指導されている箇所がいくつもある。とくに在家の弟子には、よい来世が

得られるように指導されていた。したがって、わたくしの指導する「輪廻転生瞑想法」は、そのお釈迦さまのご指導を発展させたものなのである。

輪廻転生を逆利用する方法《システム》

わたくしの提唱する「輪廻転生瞑想法」は、人は解脱しないかぎり輪廻転生をくり返すのだから、その方法《システム》を逆に利用していまよりもよい境遇の人間に生まれ変わろう、というものである。

お釈迦さまの説かれた輪廻を解脱する教法は仏教の根幹であり、絶対にゆるがせにできない。しかし、その法を保ちつつ、同時に輪廻転生を利用するというのも、わたくしはひとつの選択肢だと思うのである。

たしかにこの世には苦しみがあふれているが、同時に喜びもある。たとえ苦労をしても人間に再び生まれて、思う存分に生きたいという人も多いのではないか。

それでこの瞑想法を創案したのである。

輪廻を絶つことを選ぶか、よい来世に生まれるほうを選ぶかはあなたしだいなのである。

わたくしも自分の人生を振り返ってみると、あのときはああすればよかった、と後悔することばかりである。しかし、この瞑想法にもとづけば、理想的な来世の設計図を自分で描き、それにしたがって思う存分にすばらしい人生を送ることができるわけであるから、じつに楽しいのである。

来世も人間に生まれて、幸福な一生を送る秘法

人間は輪廻転生をする、死後も生命はつづくと知ったとき、だれもが関心を持つのは自分の来世についてである。来世の自分は果たして幸福であるのか？それとも不幸な人生を歩んでいくのか？　その一点が気になると思う。

あなたの周囲にも、生まれつき運がよくてなんの不自由もなく生きている人もいれば、生まれたときから不幸を背負って生きている人もいるであろう。

来世は幸福なほうがよいか、それとも不幸なほうがよいかときかれれば、い

うまでもなく来世は幸福な人間として生まれることを望むはずである。

「しかし、来世はこのようになりたいといくら願っても、自分が望む来世を創り出すことなどできないでしょう?」

というかもしれないが、そうではない。幸せな来世を企画し、創造する秘法があるのである。それがお釈迦さまの成仏法をもとに編んだ瞑想法なのである。

だれしも、できることならば、幸福な境遇に生まれたいと願うはずである。それを実現するのが「輪廻転生瞑想法」なのである。

ただし、忘れてはならないのは、来世でも人間としての生を受けられるという保証はない、ということである。生命のあるものならば、なんにでも生まれ変わる可能性がある。犬や猫、豚や馬などはもちろんのこと、アナコンダやコブラに生まれることさえある。

ある日、ふと目をあけるとコブラになっていた、というのではしようがない。毒蛇は人に恐れられると同時に、危険な動物として標的になる。人間に見つかれば杖で打ち殺されたりするから、常に人目を避けて逃げまわらなければならない。それが生涯つづくのであるから、じつにやりきれない。また、豚に生まれて、ソーセージやハムにされるのもいやであろう。

やはり、だれもが来世も人間に生まれたいと考えるのではないか。

「輪廻転生瞑想法」の第一段階では、来世でも人間に生まれ変われることを目指す。前述のように、まず人間に生まれることがなによりも肝心である。犬や豚などに生まれ変わってしまっては、どうしようもないので、第一段階の瞑想によって、来世も人間に生まれるようにするのである。

つづいて第二段階の瞑想で、優秀で聡明な人間に生まれることを目指す。

さらに第三段階では、愛情の深い両親のいる豊かな家庭に生まれるようにするのである。

自殺は絶対にいけない

ただし、この秘法を紹介するにあたって、わたくしにはひとつだけ懸念がある。それは、

「私は不幸な運命を背負ってこの世に生まれ、現在もいろいろな苦しみに遭っている。だから、もう早く死んでしまって来世で幸せになろう」

と短絡的に考える人がいるのではないか、ということである。

そもそも、自殺者の来世は非常に不幸である。現世よりさらに悪い人生を送ることになる。だから、たとえどんなに苦しくても自殺をしてはいけない。

なぜ、自殺者の来世は不幸になるのか？

理由はどうあれ、自殺をすることは非常に悲しく、苦しいことである。自殺者はその悲しみや苦しみを潜在意識や深層意識に押し込めて、自らの命を絶つ。たとえ肉体がなくなって霊魂だけになっても、潜在意識・深層意識に深く刻まれた苦しみや悲しみは消えない。だから霊魂になっても冥界へ行くことはできず、不成仏霊・霊障のホトケとなって苦しむのである。また、人間として生まれ変わっても、心の深層に刻まれた悲しみや苦しみは残っているから、屈折した心を抱えて苦しむ。したがって、幸福な人生など送れるはずもないのである。

仏さまの教えにしたがって現世を正しく生き、輪廻転生瞑想法を実践するならば、おおよそ希望どおりの来世を得られる。だから、どれほどつらいことがあっても、どれほど苦しくても、決して人を害さず、軽はずみなことをせずに、現世を一生懸命に生きなければならないのである。

二つの修行からなりたつ輪廻転生瞑想法

この「輪廻転生瞑想法」は二つの修行からなりたっている。

その第一は瞑想そのもので、第二の修行は日常の生活のあり方を正しくするということである。それぞれについて解説していこう。

［一、深層意識をつかう瞑想法］

わたくしが教える瞑想次第に則って、自分が望む来世の境遇・状況を明確に強く観想していく。

どのような家庭に、どのような人間として、どのような能力・素質を持って生まれていくかという人生の設計図を創り、それをありありと念じるのである。

人間の意識は表面意識・潜在意識・深層意識の三層に大きく分けることができる。この深層意識の領域に霊魂の宿る場がある。換言すれば、脳のある部分に霊魂がおさまっているのである。そして人が臨終を迎えると、霊魂は肉体を離れて霊的世界へ行き、やがて転生する。

霊魂は魂魄《こんぱく》ともいう。魂《こん》とは霊魂全体を、魄《はく》はその核をさす。鶏卵にたとえるならば、卵全体が魂になり、黄身が魄にあたる。この魄の中に、その人のあらゆる記憶が詰まっている。それは現在の人生における経験だけではなく、前世、前々世、三世前、四世前、五世前……というような、これまでのすべての過去世における記憶が残されているのである。

いや、人間としての記憶だけではなく、さらには生命の進化の記憶も保存されている。

人は前世の記憶を持つ　ヘッケルの生物発生法則

一八六六年、ドイツの自然学者であり、生物学者であったヘッケル(Ernst Heinrich Haeckel)が、こういう理論を発表した。

「生物の個体発生はその系統発生をくり返す」

という有名な生物発生法則である。

これは、生物の個体発生は、系統発生《どうぶつじだい》のあとをたどるというものである。

この法則によると、人間は、人間の発生当時から現在の自分にいたるまでの形態《かたち》を、母胎においてつぎつぎとくり返していくのである。つまり、それまでの自分の歴史をたどるわけである。

まず、この世界における生命の発生は、原始海洋における一匹の微小なアメーバの誕生からはじまる。そのアメーバは、たぶん、オパーリンのいうように、コアセルベーションによって形成されたのであろうが、それがしだいに進化していって、原生動物から、魚、イモリ、カメ、ウサギ、サル、というように変化してきたわけである。

現代における人間の発生も、そのもっとも最初は、アメーバとまったく変わらぬ形態をした一匹の精虫である。母胎内の胎液（羊水）は、原始海洋の成分と同様であり、そこで一匹の精虫は、原始の海で成長をはじめたアメーバのようにたくましく成長をはじめる。

三、四週間たつと、それは、明らかに魚のかたちに進化している。つまり、魚の時代に入ったのだ。その尾は魚のような平たい尾を持っており、のどにはエラの穴のような四対のさけ目が生じ、血管もまた魚のとおりに配置されている。心臓も、現在のわれわれが持っているような、左右両室に分かれた上等のものではなく、魚とおなじような単ポンプ式のものである。

二カ月たつと、エラも、心臓も、尾も、すっかりなくなって、哺乳類のものに変わってくる。いよいよ哺乳類の時代に進化してきたわけである。この時期には、ヒトも、牛も、犬も、豚も、区別がつかないほどよく似ている。

六カ月たって、サルとおなじになってきて、足など、サルのようにものをつかみやすい構造になっている。が、これも間もなく変化して、ヒトの足のかたちになってくる。

そして七カ月のなかばごろから、ヒトはヒト独自の形態《スタイル》を示してきて、ヒトに最も近いサルともはっきりちがったかたちをあらわしてくる。原始人ではあろうけれども、はっきりヒトの段階に入ったわけである。

このように、人間は、十カ月の胎児時代に、人間発生以来の歴史、それはおよそ十億年くらいであろうと推定されるのであるが、その長い歴史をくり返すわけである。

以上、ヘッケルは、このことを、生物学的・解剖学的に立証した。

つまり、人間の胎児は、母胎内において、過去の進化のあとを、そのままの形態《かたち》の上でたどるということである。そうして、ヘッケルは、生物学者という立場からであろうが、それ以上には進まなかった。すなわち、胎児は形態の上で歴史をくり返すというだけで、胎児の意識の面にはまったくふれなかったのだ。

胎児は十億年の記憶を持つ

けれども、胎児は母胎内において、まったく石ころのようになんの意識も持たないで過ごすなどということは考えられないことではないか。

わたくしは、ヘッケルのこの説の上に立って、胎児は、その形態《かたち》だけ過去の歴史をくり返すのではなく、その形態《かたち》に応じて、過去の歴史をその意識の上でもくり返すものと考えるのである。

胎児は、当然、胎児としての意識を持つであろう。意識を持っているならば、そのときの形態に応じた意識を持つのが当然である。すなわち、魚とおなじ形態をしているとき、胎児は魚の時代であったときの意識を持ち、サルとおなじ形態を示しているとき、胎児は、サルの時代であったときの意識をたどっているわけである。

ところで、記憶とはなにかというと、過去の経験意識の蓄積である。

そのように意識が逆行して発生展開のあとをたどっていくということは、要するに、経験意識をくり返しているということにほかならず、それは結局、過

動物の胎児

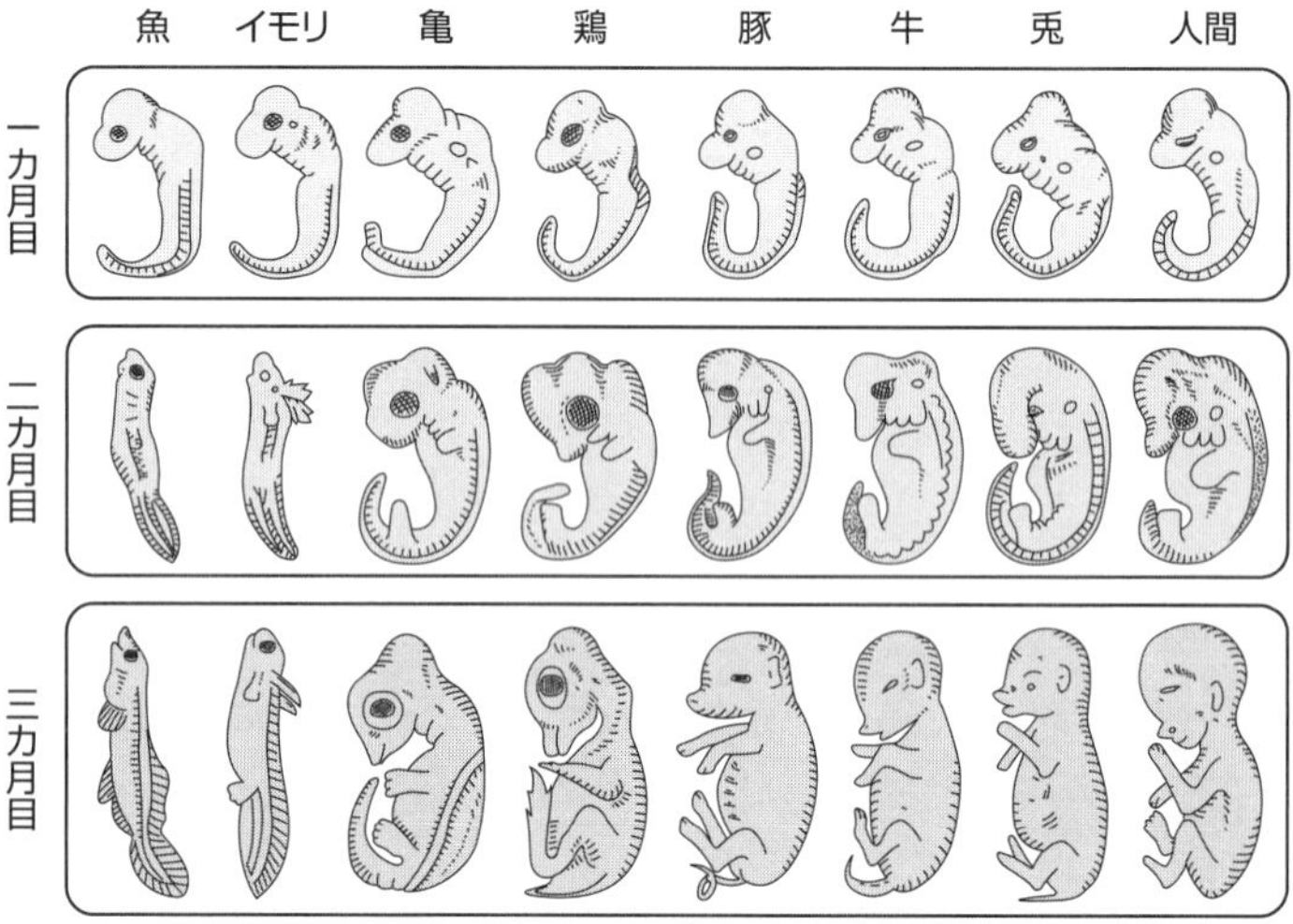

去の記憶をたどっているということであり、過去を経験しているということではないか。

つまり、胎児は、アメーバの時代からヒトにいたるまでの進化のあとを、十カ月の間に全部経験しているわけである。

母胎内における生命のこの経験は、その生命が、太古の昔から現在まで生きつづけているということとまったくひとしいのではないか。

なぜならば、母胎内において過去の経験を意識するということとは、それが、母胎内においてでも、あるいは母胎外においてでも、経験意識の上においては変わりないのであって、その胎児は、経験意識の上において十億年生きてきた記憶を持つのである。

そして、十億年生きてきた記憶を持つということは、十億年生きてきたこととおなじではないか。

その進化の過程におけるすべての記憶が、霊魂の中に詰まっている。要するに、アメーバの時代をはじめ魚、ワニ、ウマ、サルの時代の記憶までもが魄に刻み込まれているのである。

人間の脳の中にそれらの記憶が残っているからこそ、人類は現在のような文明文化を築くことができたのである。人間の進化と転生の記憶こそが文明文化の原動力になっている、とわたくしは確信している。輪廻転生瞑想法では、その生命の全記憶が記録されている深層意識をつかう。深層意識において、「自分は、このような境遇の、こういう能力を持った人間として生まれ変わる」と強く念じて瞑想するのである。深層意識をもちいる瞑想であるから、過去世の記憶がよみがえることもあるかもしれない。

この瞑想修行はじつに衝撃的な内容である。死の実態に迫る瞑想であるから、自分が死ぬときの情景が頭に浮かぶこともありうる。生と死は表裏一体であるから、死の実態を理解してこそ、生まれることの実態もわかる。したがって、輪廻転生瞑想法は人間に究極の悟りをもたらす瞑想だといえるかもしれない。

[二、日常の生活のあり方を正しくする]

貪《とん》・瞋《じん》・癡《ち》をなくす

人間はだれもが貪《とん》・瞋《じん》・癡《ち》という三つの煩悩を持っている。

これらは人間を毒する心なので、三毒という。三毒はいわば獣《けもの》の心なので、わたくしはこれを三獣心《さんじゅうしん》とよんでいる。よい来世を迎えるには瞑想をおこなうと同時に、日常生活で三毒を絶対に出さないように努めなければならない。貪は貪《むさぼ》り、瞋は怒り、癡は愚癡《ぐち》ともいうが、愚かさのことである。因縁因果の道理を知らない愚かでたわけた心を愚癡という。

貪りに貪りを重ねることは、人間としての本道ではない。財物、地位、名誉などを求めてやまない人もいるが、いくら欲しいと願っても、それが手に入るだけの徳分がなければ、自分のものにはならない。種をまき、それを大事に育てることによって花が咲き、果実が実るのである。努力もせず、才能も磨かず、徳も積まずに、ただ結果だけ得ようとするのは、まさしく貪りである。

怒りも人間的に立派な行為とはいえない。なにか不快なことがあって立腹するわけであるが、不快なことが起きるには、自分にもなんらかの落ち度があるはずである。それなのに反省ひとつせず、ただ怒りにまかせて怒鳴ったり、暴力を振るうというのは人間として恥ずべき行為である。

そう考えていくと貪も瞋も、因縁因果の道理を知らない愚かさ、つまり愚癡にもとづいていることがわかる。

愚癡というのはいちばん愚かな心であって、因縁因果の道理を知らない。仏教では、これをたわけ心といっている。たわけたバカが因縁因果の道理を知らないのである。

子母澤寛《しもざわかん》（一八九二〜一九六八）という小説家が『愛猿記《あいえんき》』という本を書いている。かわいがっていた猿の日常などを書いた本であるが、その中にこういうことが書いてある。

あるとき、子母澤氏が猿の頭を棒で叩いたところ、猿は怒って、その棒をひったくって、その棒をぽんぽんと踏んだり、蹴ったりかじったりしたというのである。

つまり、子母澤氏が棒でもって猿を叩いたのであるが、猿は叩いた子母澤氏ではなく、自分を叩いた棒が悪いと思って、棒をひったくって、それをかじったりなんかする。それが畜生の浅ましさだということを子母澤氏は書いているのである。

人間だったら、その棒をかじったりなんかしない。その棒をひったくって、子母澤氏を叩くであろう。しかし猿はそういうことは考えない。だれが原因かということまではわからないのである。

つまり、猿は因果の道理をわからないということを子母澤氏が書いているのである。わたくしはこれを非常におもしろいと思う。

猿がその棒をひったくって子母澤氏を殴ったら、これは人間である。どこまでも棒が悪いと思ってしまう。そこが畜生の浅ましさなのである。

以上が、貪《とん》・瞋《じん》・癡《ち》の三毒である。この三毒を出して日常生活を送っていて、よい来世を迎えることなどできるわけがない。

現世でのよい生き方の延長線上によい来世があり、勝手放題な生き方の延長線上に不幸な来世がある。したがって幸福な来世を迎えたかったならば、現世で三毒を離れ、善行を積み、よい人間として生き抜くことが肝要である。

その上で「輪廻転生瞑想法」を実践するならば、自分の思いどおりの来世が得られる。しかし、たとえ瞑想法を実践していたとしても、日々の生活で三毒を出しっぱなしにしていては、決してよい転生などできない。だから貪・瞋・癡を離れるように日ごろから心がけなさい。

日に三度笑う

そして、日課として、一日に三回声をあげて笑うこと。

アハハハハと笑うこと。

できたら鏡を見て笑うこと。

さきほど三毒はいわば獣《けもの》の心であるとのべたが、獣は笑うということを知らない。笑うということは人間しかできないのである。

あなたは飼っている犬や猫が笑っているところを見たことがあるだろうか？

鏡を見て、アハハハハなんて笑っている犬や猫はいない。だから、人間が人間であるためには鏡を見て笑う。

一日に三回は、アハハハハと声をあげて鏡を見て笑うことを、かならず実践していただきたいのである。

第三章　よい来世を迎える秘法

よい来世を迎える方法は瞑想法だけではない。ほかにも、いくつか方法があるのでご紹介する。

輪廻転生瞑想法とともに、ぜひこれらの方法もあわせて実践することをお勧めする。

準胝尊《じゅんていそん》の助けをいただく

わたくしは、「輪廻転生瞑想法」を発表するにあたり、「阿含経」をはじめとするいろいろな経典や文献を調べ、また霊視もおこない、輪廻転生についての研究をおこなった。

そして、その過程で、

「準胝尊はよい境界に輪廻転生することを助けてくださる仏さまである」

ということに気づいたのである。

準胝尊とは、阿含宗の本尊である真正仏舎利尊《しんせいぶっしゃりそん》（仏舎利とは釈尊の御遺骨であり、古来、生ける釈迦として尊崇される。「真正」とわざわざ銘打つのは、世に仏舎利と称されているもののほとんどは、蝋石《ろうせき》の類《たぐい》であり、正真正銘の仏舎利はじつに稀だからである）の変化身《へんげしん》で、準胝観音のことであるが、この観音さまは如来としての尊格を持たれており、準胝如来としてお祀りすることもある。

二世《にせ》の大願の真意

何度もいっているように、人間は死ねばそれで終わりではない。肉体が滅びても魂魄は残り、それがつぎの世に生まれ変わっていく。しかも、一度生まれ変わればそれで終わりなのではなく、車の輪が廻《まわ》るように何度も何度も生と死をくり返す。それで輪廻転生とよぶわけである。

ただし、かならずしも再び人間に生まれ変われるという保証はなく、生きているときの業しだいでは、馬や牛や豚などの家畜に生まれたり、犬や猫に生まれ変わることもありうる。

どうせ生まれ変わるのならば、やはり人間に生まれ変わるのがよいと思うのが当然であろう。

では、ただ人間に生まれ変われたならば、果たしてそれだけで満足であろうか？

やはり、人として生まれ変わるのであれば、来世はできるだけ幸福な人間として生まれていきたい、と思うはずである。

前述のように、その願いをかなえてくださるのが、準胝尊なのである。それは阿含宗の信徒が毎日読誦《どくじゅ》している、「準胝観音経」に記されている。短いお経であるから、まず全経文を読んでみよう。

「準胝功徳聚《じゅんていくどくじゅ》。寂静《じゃくじょう》にして心常《こころつね》に誦《ず》すれば一切諸諸《いっさいもろもろ》の大難《だいなん》能《よ》く是《こ》の人《ひと》を侵《おか》すこと無《な》し。天上及《てんじょうおよ》び人間福《にんげんふく》を受《う》くること仏《ほとけ》の如《ごと》く等《ひと》し。此《こ》の如意珠《にょいじゅ》に遇《あ》はば定《さだ》んで無等等《むとうどう》を得《え》ん。若《も》し我《わ》れ誓願大悲《せいがんだいひ》の裡一人《うちいちにん》として二世《にせ》の願《がん》を成《じょう》ぜずんば我《わ》れ虚妄罪過《こもうざいか》の裡《うち》に堕《だ》して本覚《ほんがく》に帰《かえ》らず大悲《だいひ》を捨《す》てん」

この中に「二世の願を成ぜずんば」という部分があるが、これこそ、準胝尊が「人がよい境界へ転生するように助けてくださる仏さま」であることの文証《もんしょう》なのである。

さきほどものべたように、準胝尊は如意《によい》宝珠《ほうじゅ》、つまり真正仏舎利尊の変化身である。この尊は絶大な神通力を誇る二大龍王を眷属としてしたがえており、この尊を心から信じて、心静かにそのご真言を読誦する者をあらゆる大難から守り、悪因縁を解脱させ、さらにはあらゆる福徳を授けてくださる。

しかし、とくにすばらしいのは、さきにあげた「二世の願」を持つことである。二世とは現世と来世のことである。準胝尊は現世と来世にわたってわたくしたちを救う、という誓願を持っておられるのである。

わたくしはこれまで、「二世の願」とは現世で人々を因縁解脱（成仏）に導き、現世だけで完全に解脱できなかった人は来世で因縁解脱を成就させるという誓願である、と単純に考えていた。しかし、もっと深い意味があると思いいたったのである。

つまり、来世での救いとは、来世で因縁解脱を成就するということだけではなく、よい境界の人間として来世へ生まれていく、という意味も含まれていたのである。

わたくしは今回、そのことをはっきりと認識した。

三種類の選択

つまり、準胝尊の信仰には、つぎの三種類の選択肢があるわけである。

まず第一の選択肢は、「現世において最高の福徳を得て、さらにこの世において完全に解脱を得て仏になる」というものである。

第二の選択肢は、「もう二度と生まれ変わりたくないと願う人は、死後に涅槃《ねはん》(ニルヴァーナ)に入り、完全に生死輪廻の流れを絶《た》つ」というものである。

最後の第三の選択肢は、「来世もよい境界に生まれ変わって幸福な人生を享受したいと願う人は、その願いどおりの来世を迎えることができる」というものである。

皆さんも、そのどれかを選んでおくとよいであろう。臨終を迎えてから選択するのでは遅いのであるから。

来世はいまよりももっと幸運な人間に生まれて、幸福を享受したいという人は第三の選択肢を選べばよろしい。また、もう輪廻転生などイヤだ、人生なんてこりごりだ、という人は第二の選択肢を選べばよいだろう。どれを選んでもよいわけだからすばらしいのである。

二世にわたる救いの真言行

万が一にでも、死後に心細いことが起きたならば、すぐに準胝尊真言を唱えなさい。準胝如来は現世と来世の二世にわたって成仏へ導いてくださる仏さまであるから、死後の世界でもかならず救ってくださる。

そのためには、生きているいまから準胝尊真言行をおこなうことが大切である。準胝尊真言は如意宝珠（文字どおり「意の如く宝を生み出す珠」）。古来インドでは、この世界のどこかに、如意宝珠があると信じられてきた。釈尊滅後、仏舎利を祀り、祈りを込めたところ、つぎつぎと生じる霊験に、人々は仏陀の御遺骨こそ、伝説の如意宝珠にちがいないと信ずるようになったのである）そのものである。

世の人々は、これほどの宝物を活かしていないように思う。この宝物を活かすには、苦しいときだけではなく、常日ごろからご真言をお唱えすることが肝要なのである。

準胝尊真言行を実践する人は、絶対に災難に遭わず、かならず運がよくなる。わたくしは自分の体験から断言できる。わたくしは事業に失敗して自殺を図ったとき、「準胝観音経」と準胝尊真言が収録された小経本を授かり、命を救われた。それ以来、わたくしは必死の思いで朝と晩のそれぞれに真言を一千遍以上は唱えて、運命を転換したわけである。

わたくしは準胝如来へのご恩返しとして、準胝尊真言の読誦を人々に勧めてきた。これによって、多くの人が危難から救われている。皆さんも一心に準胝尊真言を唱えなさい。その準胝尊真言とは、

「ノウバ・サッタナン・サンミャクサンボダクチナン・タニャタ・オン・シャレイ・シュレイ・ジュンテイ・ソワカ」

である

わたくしと同じくらいの熱意を込めて、一日に一千遍ぐらい唱えなさい。かならず奇蹟は起き、運命の歯車は大きく変わってくるのである。

解脱宝生《げだつほうしょう》行《ぎょう》の秘密

わたくしの主宰する阿含宗では、自分の持っている悪い運命の星、すなわち因縁を消滅させることを目的に仏舎利宝珠尊解脱宝生行(以下、解脱宝生行)という因縁解脱法を指導している。

しかし、この解脱宝生行には、因縁を解脱させるだけでなく、もっと高い究極の目的があるのである。

人は自分の意志にかかわりなく、運命上の星が示すとおりに動いてしまう。たとえば密教占星術には白虎殺《びゃっこさつ》という星がある。この星を持って生まれた人は横変死する可能性が高い。横変死とは、自殺・他殺・事故死などのことである。

わたくしは、このような死に方をする可能性が高い運命の星を「横変死の因縁」とよぶが、この因縁を持っていると指摘されている人は、白虎殺を持っていると考えてよい。

「横変死の因縁」とは、自殺・他殺・事故死のいずれかをまぬがれられない因縁である。この因縁を持つ人は一日たりとも安心して過ごすことができない。

また、白虎殺に相対する星として、黒虎殺《こっこさつ》がある。この星を持つ人は人を害したり、あるいは殺傷するとされている。一連の通り魔事件などの犯人の多くは、この星を持っていると思われる。

黒虎殺があると、最初は人を殺すという意志をそれほど明確に持っていなくても、それがしだいに強くなっていく。同時に、得体の知れない不安に責めさいなまれるようになり、最終的には人を殺害し、ようやく名状しがたい不安感から解放されるのである。

人はだれもが生まれた瞬間から、いくつかの運命の星を持っている。成長するにつれて、それらの星の影響がだんだん強くなり、ある時点で発動する。哲学や道徳、あるいは科学でも、これらの星を除去することはできない。それができるのは因縁解脱法だけである。

因縁解脱をだれにでもわかる言葉で簡潔に説明するならば、

「因縁解脱とは、持って生まれた悪い運命の星を全部なくしてしまうことである」

となる。

一連の通り魔事件などの犯人の多くは、この黒虎殺を持っている。しかし、彼らが因縁解脱の行によってその星を消滅させていたならば、このような犯罪を起こすことはなかったであろう。その因縁解脱の行こそ、解脱宝生行なのである。

わたくしはこの世に生きるすべての人が悪い運命の星をなくし、幸福な人生を歩むことを願って、解脱宝生行を信徒に実践させてきたのである。

しかし、最初にものべたように、解脱宝生行にはさらにもっと深い目的が隠されているのである。

よい来世を迎える因縁解脱法

人間は死んで無になるのではなく、死後も生命はつづく。人は死ねば終わりではなく、また生まれ変わる。

それを仏教では輪廻転生という。したがって、死とはかならずしもつらく苦しいだけのものではなく、幸せに満ちた新たな人生をはじめるか、不幸な人生を得るかの一大転換期でもある。

では、現在不幸な人生を送っている人はいまの人生に見切りをつけて、自殺をしてしまったほうがよいのかというと、決してそうではない。そんなことをすれば来世はさらに不幸になるだけである。現在不幸でつらく苦しい人生を送っている人は、悪い運命の星（悪因縁）を持っているわけで、それをそのままにして死を迎えたならば、やはり来世も苦しみの人生を送ることになるのである。だから、苦しみの人生に耐えかねて自殺しても、まったく意味がないのである。

そこが非常に大事なところで、自殺は苦の解決になどならないのである。未来をよいものにするには、現世で因縁解脱法を実践して徳を積み、精いっぱいの努力をして生き抜かなければならない。

それでこそ幸福な来世が獲得できるのである。

人間は自分の人生に注文をつけることはできない。ある日、気がつくと一人の人間として生まれていて、運命の星も決定している。そして、その星が示すとおりに生きていくしかないのである。

しかし、来世に注文をつけることを可能にする方法がいくつかある。そのひとつが解脱宝生行なのである。ほかにもいくつかの法があるが、在家として暮らす一般の人にとって最もおこないやすいものが解脱宝生行なのである。

なぜ、解脱宝生行によってよい来世が獲得できるのかといえば、それは、この行が怨恨や執着の心を断ち切るからなのである。

怨恨と執着を断ち切る

輪廻転生の重要なポイントは怨恨と執着である。

あまり強い怨恨や執着がなく、さほど不徳も積んでいない人は、比較的によい来世を迎えることができる。

しかし、だれかに強い怨恨を抱いていたり、人や物に強い執着を持っていると、その恨み・執着・欲などが引っかかりとなって生まれ変わる。恨みや執着・欲の心は、決して自分も他人も幸せにしない。したがって、転生しても幸せな人生にはならないのである。

転生して、幸せな人生を送るためには、まずいまの人生を一生懸命に生き抜き、解脱宝生行を一心不乱に実践することが肝要なのである。

そうすれば、この世に生まれ変わってくる際も、幸福な人生を得ることができる。前述のように、この行は怨恨や執着の心を断ち切るからである。

さらにいえば、たとえどのような悪因縁を持っていたとしても、解脱宝生行を一心に実践すれば、この世でその悪因縁を切って幸福な人生を送ることができるのである。

霊魂の安息所をつくっておく

最近の世相は墓地軽視の傾向が強く、学者や文化人がしきりに散骨を勧める。人間は死ねばなにも残らないといって、遺骨・遺灰を山や海に撒けばよいと主張し、マスコミも同調している。

彼らは霊眼もなく、霊界の知識も皆無なのに勝手なことをいい放題で、ほんとうに無責任である。その結果、父母や配偶者、兄弟姉妹が亡くなってもお墓をつくらず、散骨してしまう人が目立ってきた。

しかし、その故人の霊魂が霊障を発して、遺族が不幸や災難に遭っても、散骨を勧めた学者や文化人が助けてくれるわけではない。

お墓とは、単に遺骨・亡骸をおさめる場所ではないのである。お墓は霊魂にとって死後の住まいであり、安息所なのである。

第一章でのべたように、死者の霊魂はすぐに冥界（冥土）へ行くのではない。阿鼻野《あびの》街道という寒風に苛まれる道を通り抜けてサイの広場へたどり着き、広場の断崖絶壁から三途《さんず》の川を跳び越えて初めて、霊魂は冥界へたどり着く。

阿鼻野街道を歩いている時間は、娑婆世界の時間で二十時間ほどであるが、それぞれの因縁しだいで時間感覚は異なる。さほど因縁が悪くない者ならば一時間弱に感じるが、因縁の悪い者は何日も阿鼻野街道を歩いていると感じる。

サイの広場から無事に三途の川を一気に跳び越すことができるのは、ほんの一握りだけで、残りの者たちは三途の川に落下し、生前の因縁にしたがって地獄界・餓鬼界・畜生界のいずれかに流される。そして、それぞれの世界で生前の罪を清算してから、やっと冥界へ到着するのである。

霊魂が冥界へ着くと、娑婆世界に建立したお墓がそのまま出現する。そのお墓に入って、やっと安息を得るわけである。お墓は魂の安息所であり、死後の住まいなのである。ここには子孫が供えたお供物が出現し、それを受け取ることができるのだ。

霊魂が冥界のお墓に到着しないかぎりは、子孫が仏壇やお墓にどれほど豪勢なお供物を供えても、本人の眼前にはあらわれない。いつまでも冥界のお墓に到着できない者は、飢えと渇きで餓鬼界の浮浪霊になり、いろいろな所を徘徊《はいかい》する悲惨な状態になる。

しかし、阿鼻野街道やサイの広場の苦難を乗り越えて、やっとの思いで冥界に到着しても、娑婆世界にきちんとしたお墓を設けていなければ、冥界のお墓は出現せず、安らぎの場所が得られない。その結果、冥界へ到着しながらも、浮浪霊になって徘徊することになるのである。これを防ぐためには、法に則った霊魂の安息所（墓所）をつくるしかない。

昔から人間はお墓を大切にしてきた。これは、人間が死後に冥界へ行くことを知っているためである。この霊界の法則を知らずに、学者や文化人は散骨を勧めているのだから無茶苦茶である。

霊界に関して無知な人間の言葉を真に受けて、両親が亡くなってもお墓をつくらずに散骨してしまうならば、両親の霊魂は霊障のかたまりになって、子供たちを恨むであろう。皆さんも、自分の子や孫がそのような態度をとれば、ひっぱたいてやりたくなるはずであろう。

お墓といっても、先祖の霊魂がきちんと安らげる構造であれば、贅沢なものでなくてよいわけである。いちばんよいのは、自分が生きているうちに、「このお墓ならば、自分は死後も安らぐことができるな」と思えるようなお墓をつくっておくことである。遺族に任せておいて、死んでから、こんなはずではなかったと騒いでも、後の祭なのであるから……。

成仏法を持つ真の宗教の役割

わたくしは、多くの方々が死後も救われることを願って、大阪府下の柏原に聖地霊園を建立し、冥徳福寿墓陵《めいとくふくじゅぼりょう》を建てられるようにした。また、先般新たに、京都東山の阿含宗本山境内地に冥徳墳墓《めいとくふんぼ》をもつくった。冥徳福寿墓陵や冥徳墳墓は、わたくしが成仏法を力の限りに奉修してあるので、ここへおさめられたお霊《みたま》はかならず成仏する。

生者の苦しみを救うことも宗教の大切な役割であるが、死後の苦しみをなくすことも、それ以上に重要なのである。

生者を幸せにするのは、かならずしも宗教だけの役割ではない。宗教でしか救えない部分もあるが、科学・技術によって救える部分もたくさんある。しかし、科学・技術がどれほど発達しても、それで死者の魂を救うことはできない。科学・技術の領域と、精神や霊魂の領域は異なるからである。

科学・技術では、どうやっても死後の安心《あんじん》は得られない。死後の安心をあたえられるのは、成仏法を持った真の宗教だけである。だからこそ、真の宗教は尊いのである。

オウム真理教の事件以来、宗教は威厳と社会からの信頼を損ねた。どうも近年は、すべての宗教が世間から危険視される風潮がある。宗教というだけで、多くの人々が拒絶反応を起こす。

これは宗教にとっても悲しむべきことであるが、それ以上に世間の人々にとって、不幸で悲しむべきことである。なぜならば、宗教の拒絶は、死後の救いの拒絶につながるからである。

死後の救済をあたえることができるのは、お釈迦さまの成仏法を持つ真の宗教だけである。

それがどれほど尊く、すばらしいことなのかをよくよく考えていただきたい。十億円、百億円の大金を持っていようとも、お金で死後の苦しみを解決することはできない。どれほどの権力を持っていようとも、娑婆世界の権力は死後には通用しないのである。

阿含宗が持つ死後の救いのひとつが、冥徳福寿墓陵であり、冥徳墳墓なのである。これらの墓陵に入った霊魂には、死後の苦しみはない。

臨終の刹那《せつな》にすべてを悟り、阿鼻野街道・サイの広場を通り越して冥界へ入る。冥界にはこれらの墓陵がすでにあるから、すぐそこに入って安らぎの眠りにつくことができる。

まさに死後の大安心である。皆さんが死後の苦難を受けることなく、すぐに冥界へ入ることができるように、冥徳福寿墓陵や冥徳墳墓をつくった。ここでは地獄も極楽も関係なく、安らかな眠りにつくことができる。真の安楽に入るのである。

これこそ真の宗教があたえる最高の救いなのである。

冥徳福寿墓陵と冥徳墳墓について

ここで、大阪の柏原聖地霊園の冥徳福寿墓陵と、京都の本山境内地の冥徳墳墓について説明しておこう。

まず、冥徳福寿墓陵は、これを建立した人の現世利益を中心眼目とし、大きく分けてつぎの三つの功徳がある。

第一に、この墓陵の建立者は、延命長寿・財福無尽・家運繁栄の福徳をいただく。

第二に、この墓陵は自分がお霊《みたま》になった際の安息所になる。成仏法を修行する者は、死後霊界に行って、須陀洹《しゅだおん》（預流《よる》）という聖者になる。須陀洹は人間界と天上界という高度の霊界を数回（最多で七回とされる）往来したのちに、成仏して仏界に入る。須陀洹がこの世に戻ってくるときは、肉体を伴わずに霊体だけのこともあるが、その際の霊体の安息所が冥徳福寿墓陵なのである。

第三に、先祖の古い不成仏霊、浮浪霊などをすべてこの墓陵に収容し、家庭や自分に悪影響をおよぼさないようにする。

一方の冥徳墳墓の第一の眼目は、廃絶家《はいぜつけ》のお霊の供養である。廃絶家のお霊は、あとを弔う子孫がないために浮浪霊になる。それらのお霊を収容し、阿含宗が篤くご供養をする。

自分の子や孫はいるけれども、なかなか供養をしてくれない、という人もいるであろう。このような人も冥徳墳墓を申し込めば、子孫にかわって阿含宗がご供養する。

冥徳福寿墓陵や冥徳墳墓があたえる最もすばらしい功徳は、ここに祀られたお霊は、阿鼻《あび》野《の》街道・サイの広場・三途の川などを通らずに一直線で冥界に入ることができる、という点である。

死後の救いがない宗教など、なんの役にも立たない。生きている人間だけならば、科学でも救える部分が多いであろう。しかし、死者を救うことができるのは、宗教以外にない。それが宗教の救いの一大特長であり、宗教による救いは、生者・死者ともに分け隔てなくあたえられる。だからこそ宗教は尊いわけである。

阿含宗は成仏法によって死後の救済を実現する。それを具体的なかたちにしたひとつがこれらの墓陵なのである。

まとめれば冥徳福寿墓陵は生きている人の救済が中心眼目であり、冥徳墳墓は死後の救いを主な目的とする、ということになるのである

冥界に導いてくださる守護神

五百年の時を超えた恩返し

最後に、できれば守護神をいただくことである。

この守護神は、死後、あなたを冥界まで導いてくださる。しかし、それだけではない。現世であなたを力強く護《まも》ってくださるのである。

地学的に見れば日本全国どこでも大地震の危険がある。わたくしたちは大地震などの災害が起きても、命だけは無事であるように心がけるべきである。家

屋敷は、失っても一生懸命にはたらいて再び築くことも可能である。しかし、命は一度失えば二度と戻ってこない。自分の命を自分自身で守ることが肝要なのである。

では、どのようにして、自分の命を守るのか？

災害対策はもちろん必要であるが、なによりも大切なのは守護神をお祀りすることなのである。守護神にお守りいただけば、どのような災難にも遭うことはなく、かならず助けていただける。

霊的存在に守護されることは、じつにすばらしいことである。

二〇〇五年四月二十五日に発生したＪＲ福知山線脱線事故は、多くの方が亡くなられた誠に痛ましい事故であったが、じつは、阿含宗の男性信徒がこの事故に巻き込まれる寸前のところで、ゆかりのお霊《みたま》の助けで命拾いをしているのである。

ご本人の体験談を見ていただこう。

「メイトウさん、わてな、あんたにちゃんと借りは返したからな」

関西総本部　久中　啓（仮名）

私は、伊丹駅の近くにある会社で勤務しております。

二〇〇五年四月二十五日、ＪＲ福知山線の快速電車がこの伊丹駅を定時より約一分三〇秒遅れて出発、午前九時十八分ごろ尼崎駅の手前で脱線し、死者一〇七名となる大事故がおこりました。

私はこの日、朝九時に夜勤の仕事が終わり、九時少し過ぎに会社を出て、帰宅するために歩いてＪＲ伊丹駅に向かいました。駅に着いたのは九時十三分頃で、駅の構内を見ますと電車がプラットホームの前の方に出ていました。信号待ちか何かで電車が停まっているのかなと思ったのですが、近づくと電車がオーバーランしている事に気づきました。

このＪＲ伊丹駅では電車のオーバーランというのは以前より時々

あり、今回もオーバーランしたあの電車がプラットホームへ戻ってくるから、ひょっとすると乗れるかもしれないと思いました。それで急いで切符を買い、のどが渇いていましたので自販機で缶ジュースを一缶買って、早くプラットホームまで下りなければと焦りながら改札の方まで走って行きました。

その時です。

いきなり、

「あんた。ちょっと、ちょっと、あんた！」

と私を呼ぶ声がしました。

その時、耳のそばで小さくカチャンという音がしたので、ひょっとすると私がカギか小銭か何かを落としてしまい、それを誰かが知らせてくれたのだと思い、その呼ばれた方に行ってみると、その声の主は、つえを持って百貨店の紙袋を下げたお婆さんでした。

そのお婆さんがこっちの方へ来なさいという感じで手招きしてい

たのでそのそばへ行くと、いきなり、

「あんた、メイトウさんやろ?」

と言うのです。私は、メイトウという名前ではありませんので、一瞬、エッ? と思いましたが、なおもお婆さんは私の顔をながめながら、

「やっぱりメイトウさんや。あんた、メイトウさんやろ?」

と言います。そこで、

「お婆さん、申しわけございませんけど、私はメイトウという名前じゃないし、人違いじゃないですか」

とお話ししても、私の言うことはまったく聞かず、

「あんな、メイトウさん。あんたに飯を食わしてもろうたんは五十年前かな?」

と言うのです。このお婆さんは認知症の方かなと思いましたが、さらにお婆さんは勝手に話しをすすめて、

「やっぱり百年前かな？」

と言い、ついには、

「そやそや、五百年前や、メイトウさん」

「五百年前にな、あんたに飯をくわしてもろうてな、世話になったんやわ」

などと言うのです。

私は、この状況をどうしようかと思いました。

本当は、そのままお婆さんをふり切ってプラットホームに行きたかったのですが、何か可哀想な気もしたので、すこし様子をみてみようと思ったのです。

すると、お婆さんの方から、

「メイトウさん、わてな、クシダのキュウマツだす」

と男性の名前を名乗ったのです。私はいったいどういう事かなと思い、

「僕は、クシダのキュウマツという人もわからないし、メイトウといわれてもわかりません。だから完全な人違いで、早く電車に乗らないと駄目なんで、お婆さんここで失礼します」

と言ったところ、お婆さんは勝手に反対側のホームの方に歩き出し、少しこちらに振り向いて、

「メイトウさん、わてな、あんたにちゃんと借りは返したからな」

と言い残し、トイレか反対側のプラットホームの方に歩いていきます。

とにかく訳がわからず呆然とした思いでしたが、急に我に返り、早く電車に乗らないと駄目だと思い、急いでプラットホームの方に行きました。

しかしオーバーランしていた電車は、プラットホームに戻ってきた後、お客さんの乗り降りが終わり、ちょうど扉が閉まったところだったのです。

電車は行ってしまいました……。

電車に乗れなかったので、プラットホームのベンチにすわって缶ジュースを飲みながら、あのお婆さんのおかげで電車に乗られなかったと、正直言って腹立たしい気分でした。

仕方なく待っていると、それから十分ほど経ったでしょうか、次の電車が来ないことに気づいた時、駅のアナウンスがあったのです。

それは「尼崎—伊丹間で衝突事故があったもよう。ただいま緊急停止をしております」といった内容でした。さらに数分くらい経って「JR尼崎—伊丹間で脱線事故のもよう。復旧のめどたたず」というアナウンスが流れました。プラットホームの他の客もざわざわしてきました。結局、十分か二十分ほど経ったころ駅から出て十分ほど歩き、阪急伊丹駅から別路線の阪急電車に乗って家に帰ったのです。

帰宅後、十二時頃にテレビをつけてみると、ちょうど特別番組をやっており、電車がマンションに衝突した形でグシャグシャになって潰れている光景が映りました。私は、またどこかですごい事故があったのだなあと思いました。しかし、よく見たら、そのマンションは私がよく知っているマンションだったのです。衝突している現場もよくその辺を通るので知っているところでした。

〝尼崎の事故だったんだ！〟

しばらくはもう腰が抜けたような状態になりました。

〝僕は本当はあれに乗っていたかも知れなかった！〟

いつも私がＪＲ福知山線で伊丹駅から乗るときには、絶対に先頭の車両しか乗りません。この日も本当は先頭の車両に乗っていたはずなのです。

〝僕もひょっとすると死んでいたかも知れない！〟

そう思うと、すごく怖くなりました。

それから何日かは、私は本当は死んでいたかもしれないという思いで、だいぶ精神的に落ち込んでいたのですが、いろいろと阿含宗の先達の方から励ましや応援をいただきまして、今は何とか精神的にも立ち直りました。

今回、仏様、管長猊下、ご先祖様、いろいろなお力で私の命を助けていただいたと思います。これからは救っていただいた命を大事にして、いっそう精進して修行に仕事に励んでいきたいと思います。

本当に、本当に、ありがとうございました。

合掌

阿含宗の修行者である久中君は、突然あらわれた謎のおばあさんによって、いつもの列車に乗り遅れたのである。しかし、その列車は数分後に、あの痛ましい脱線事故を起こしたわけで、結果的に、久中君はこのおばあさんのおかげで、大難を逃れたのである。

このおばあさんにはクシダのキュウマツさんのお霊が憑依《ひょうい》していたのであ

る。クシダのキュウマツさんのいうメイトウさんとは、久中君の先祖か、あるいは久中君の前世である。

いずれにせよクシダのキュウマツさんは五百年前に、食事をするのにも困っていたところメイトウさんにごちそうになり助けてもらった。その恩義に報いるために、キュウマツさんは死後もお霊となって、恩返しの機会を待っており、今回、メイトウさんゆかりの久中君を、さきの脱線事故から救うことで、恩返しを達成したのである。

久中君はすでに『因縁解脱修行宝鑑』を拝受していた。これは修行を熱心にしている阿含宗信徒に授けられる指導書で、本人の因縁、つまり持って生まれたとくに悪い運命の星を、わたくしが因縁透視して記してある。

阿含宗では運命上の悪い星、すなわち因縁を二十数種類に分類しているが、久中君に渡した指導書の「運命上の因縁」の項には、「目を失い、手足を断つごとき肉体障害の因縁強し」と書いてあった。

じつは、こう書いてある場合は、「横変死の因縁」があると考えてよい。「横変死の因縁」とは、自殺・他殺・事故死のいずれかをまぬがれられない因縁である。「横変死の因縁あり」と書くと、修行者によってはショックが大きすぎるため、現在は前述のような書き方にしている。

つまり、久中君には横変死の因縁があり、事故が起きたとき、月と時間の天命殺に入っていたのである（天命殺とは凶運期のひとつであり、因縁が発動する時期とされている）。

だから、久中君があの電車に乗っていれば、彼はおそらく横変死していたであろう。クシダのキュウマツさんは五百年前の恩返しとして、電車に乗らないようにしてくれたのである。

恩返しのためならばよいが、恨みを晴らすために五百年間もつきまとわれたのならば、これほど怖いことはない。この場合は、まったく逆の結果になる。恨みを持ったお霊が力の強い男性に乗り移って、事故を起こす電車に後ろから無理矢理押し込むことだって十分にありうる。感謝の念よりも恨みの念のほうが強いものであるから、じつに恐ろしいことである。

だから、人間は他人に恨まれるようなことはせず、いつでも他者への親切心を忘れてはいけないのである。人を救っておけば、かならず自分も救われる。メイトウさんはクシダのキュウマツさんが気の毒だから親切心で助けた。それが、五百年後にメイトウさんゆかりの久中君を救う因になったわけである。

他人に親切にすることが難しいならば、せめて恨まれることだけは絶対にしないことである。相手に恨まれれば、その念波はかならず自分にくる。たとえ自分が正しくて、相手の不条理な逆恨《さかうら》みだとしてもである。

守護神を生む三つの法

さきの体験談ではクシダのキュウマツさんが、久中君の守護神の代役を果たしたが、阿含宗の場合は、先祖の中から有徳の人を選び出し、守護神になっていただく。

では、有徳であればすぐに守護神になれるのかといえば、そうではない。まずは成仏法によって成仏させ、さらに霊格を高めて、新たに神格をあたえなければならない。そのために必要なのが、お釈迦さまの成仏法・七科三十七道品、チベット仏教の御霊遷《みたまうつ》しの法、古代神法の息吹《いぶ》き永世《ながよ》の法なのである

わたくしは密教の開祖とされる大日如来以来脈々と伝えられる、チベット仏教伝来の密教の法嗣《ほうし》である。わたくしは一九九三年にサキャ・ツァル派のチョゲ・ティチン大座主猊下からチベット仏教伝来の金剛界・胎蔵界両部の伝法灌頂、同仏教最高位の金剛大阿闍梨耶、智勝光明大覚者（ンガワン・リクズィン・テンペル）の法号を授かった。伝法の証《あかし》に「血脈《けちみゃく》相承《そうじょう》系譜《けいふ》（ツォクシン）」のタンカ（曼荼羅の一種）をいただいている。ここには開祖の大日如来《だいにちにょらい》、第二世の金剛《こんごう》薩埵《さった》から、わたくしの師で第四十一世のチョゲ・ティチン猊下までの相承者の名前と尊像が連なっている。

わたくしは第四十二世、わたくしが弟子にこの法を伝授したときに、わたくしの法号・尊像までが描かれた血脈相承系譜を授けることになる。同系譜を授かっている者こそ、チベット仏教伝来の正統な法嗣なのである（口絵参照）。

わたくしは大座主猊下からの伝法灌頂の際、チベットの秘法もいくつか学ん

だが、そのひとつに御霊遷《みたまうつ》しの法がある。これは御霊を自由自在に扱う法である。この法のお力で、守護神を創り出すことができるようになったわけである。

つぎに古代神法の息吹き永世の法（この法に関しては、くわしくは拙著『仏陀の法』を参照されたい）である。自分が守護神を創り出すからには、自分自身が守護神以上の神格を得なければならない。それを果たすのが息吹き永世の法である。

右の二つの法があっても、それだけでは足りない。先祖の中から有徳の人を探し出し、その御霊の因縁・業をすべて解脱させなければならないからである。因縁・業が残っていたならば、高い神格を持って子孫を守護するどころではない。

お釈迦さまの成仏法・七科三十七道品によって、先祖の御霊を成仏させることがいちばん肝心なのである。

以上の三つの法がそろって初めて、守護神を生み出すことができるのである。

真のご加護とは

守護神をお授けするにあたり、わたくしは、拝受者に対してつぎのように指導している。

「守護神をいただいたからといって、突然、大金を儲けるとか、仕事で大成功をするとか、そういうことを期待してはいけない。守護神の務めは、病気や災難に遭わずに、家族そろって円満平安に暮らせるようにすることを旨とする。禅宗でいう、いわゆる『日々《ひび》是好日《これこうじつ》』という毎日を授けるのが、守護神の役目であって、大儲けするようなことは、かえって不幸の種になる。だから、そういうことはお願いしないで、日々の暮しを守ってくださることをひたすらお願いするように。そうすれば、守護神は安全に、安楽に、楽しく暮らせるようお守りくださるわけである。

突然、仕事が成功したり、大金持ちになったりすると、ろくなことがない。かならずその反動がきて、不幸せになることは間違いない。だから、僥倖《ぎょうこう》を頼んではいけない。一家そろって明るく楽しく、病気をせず、けが、過ちのない、そういう豊かで楽しい生活をお守りくださる守護神であるから、それをひたすら願って、一生懸命にお仕え申す。それが心がまえである」

わたくしが授ける守護神は、絶大なお力で守護してくださる。しかし、守護神を授かったからといって、大金が転がり込んでくるというような、棚からぼた餅式の僥倖を期待してはいけない。

災難や病難に遭わずに、毎日を安穏に過ごすことこそが人間にとっての幸福であり、その実現に力を貸してくださるのが守護神である。

第四章 ブータン仏教の輪廻転生秘法

ブータン仏教からの法脈継承

わたくしは、二〇一〇年六月、ブータン王国に行ってきた。

このブータンにおいて、ブータン仏教の最高指導者として第六十八代のジェ・ケンポを務められ、現在、世界のチベット密教界で最高の法脈を継承されているテンジン・デンドップ大僧正猊下から、密教の中で最高の尊い法の伝法灌頂と極秘伝のある秘法を伝授いただき、法脈を相承し、法号を授けられたのである。

法号は「ンガワン・ゲルツェン」、これを和訳すると「智《ち》勝《しょう》語《ご》自《じ》在《ざい》勝《しょう》法《ほう》幢《どう》」となる。

これは〝王者の説法をする仏法守護者〟という意味で、十七世紀にブータン仏教界で名をはせた大僧正に因んだ由緒ある法名である。

また、テンジン・デンドップ大僧正猊下からは、尊い法を惜しみなく伝授していただいた上で、尊い仏さまや法衣、法具を多数いただいた。

さきにのべたように、わたくしは、過去に二度、チベット密教の灌頂を受け、法を継承している。まず一九八三年、古儀チベット密教ニンマ派から、ニンマ派のチベット密教古派に伝わる秘法と法脈を受けた。つぎに一九九三年、サキャ派から金剛界・胎蔵界両部の秘法を伝授され、チベットに伝わるインド中期密教・瑜伽タントラの法脈を受け継いでいる。

そして今回、カギュ派から受けた伝法灌頂は、密教の最終段階といわれるインド後期密教・無上瑜伽タントラの秘法であり、この灌頂を以て、わたくしはチベット仏教のすべての法脈を受け継いだことになる。

三種類の仏教がある

あなたはご存じであろうか？

仏教には、三つの体系があるということを。

つまり、仏教には、それぞれちがった三つの系統の仏教がある、ということである。

もっとわかりやすくいうならば、仏教には三種類の仏教があるということだ。

このことは、非常に重要である。

仏教を信仰する、しないは別として、仏教国といわれる日本人として、当然、持っておらねばならぬ知識であり、教養といわねばならない。

ところが、ほとんどの日本人が、このことを知らない。

文化人を自称している人たちでさえ、このことを知らぬ人が多い。それでいて、もの知り顔に仏教を論じたりしているのだから、あきれてしまう。

あなたはどうだろうか?

もし、まだお知りでないならば、少し勉強してほしいのである。

北・南・東のルートに分かれた仏教

三種類の仏教とは、仏教の発祥地インドから、

1、北に伝わった仏教（北伝仏教）

2、南に伝わった仏教（南伝仏教）

3、東に伝わった仏教（東伝仏教）
である。

この三つに分かれた仏教は、それぞれ「仏教」と称しながら、みな、その内容を異にして発達していったのである。どう分かれようと内容がおなじならば問題はないが、その内容がことごとくちがうのである。そこに大きな問題が生ずる。しかし、そのことについては、ここでは論じないことにする。

北伝仏教

これは、インドから中国大陸、朝鮮半島を経て、日本に伝わった仏教である。日本では「大乗仏教」とよばれている。

わたくしは、最初この大乗仏教を必死に勉強し修行したものである。

南伝仏教

これはインドからスリランカ、タイ、ビルマ（ミャンマー）、ラオス、カンボジアに伝わった仏教である。

東南アジアの諸国に伝わった仏教は、ごく最近まで、日本には伝わってこなかった。日本では、ごく一部で経典の研究がおこなわれていたが、宗旨、宗派が形成されるにいたらなかった。

これは、北伝仏教とはまったく異質の仏教であった。

釈尊直説の唯一の経典「阿含経」を奉持する宗派である。

スリランカでは「上座部仏教」(テーラヴァーダ)という。その意味は、「長老たちを通じて連綿《れんめん》と伝承されてきたブッダの伝統的教説」という。誠に誇り高い名称というべきであろう。

テーラヴァーダの立場からいうと、日本の大乗仏教など、偽の経典で、手にとる価値もない、ということになるかもしれない。

東伝仏教

では、東伝仏教とはどういう仏教か?

聞きなれない名称だと不審に思う向きもあろうかと思う。これはわたくしが命名したもので、インドから東に伝わった仏教——チベット仏教のことである。（地理的に正確に東方というのではない。南伝・北伝に対しての謂《い》いである）

チベット仏教は、どちらかというと、北伝の大乗仏教に近い。それは、「後期大乗」の密教を主とするからである。

東伝仏教の特色は、南伝仏教や北伝仏教にない神秘的で強力な霊法を持つ密教であることだが、この東伝仏教が伝わったチベットやネパールなどでは、近年、さまざまな理由で、本来の力強い原初的、神秘的な霊力が失われつつある。

しかしながら、ブータンだけは東伝仏教を国教とし、大切に守り伝えてきており、古来から伝わる強力な霊力のある秘法がそのままのかたちで継承されてきているのである。

完全仏教

完全仏教とは、以上の三つの体系の仏教を、一つの仏教に融合した仏教であ

仏教の〈三つの系統《ながれ》〉の統合

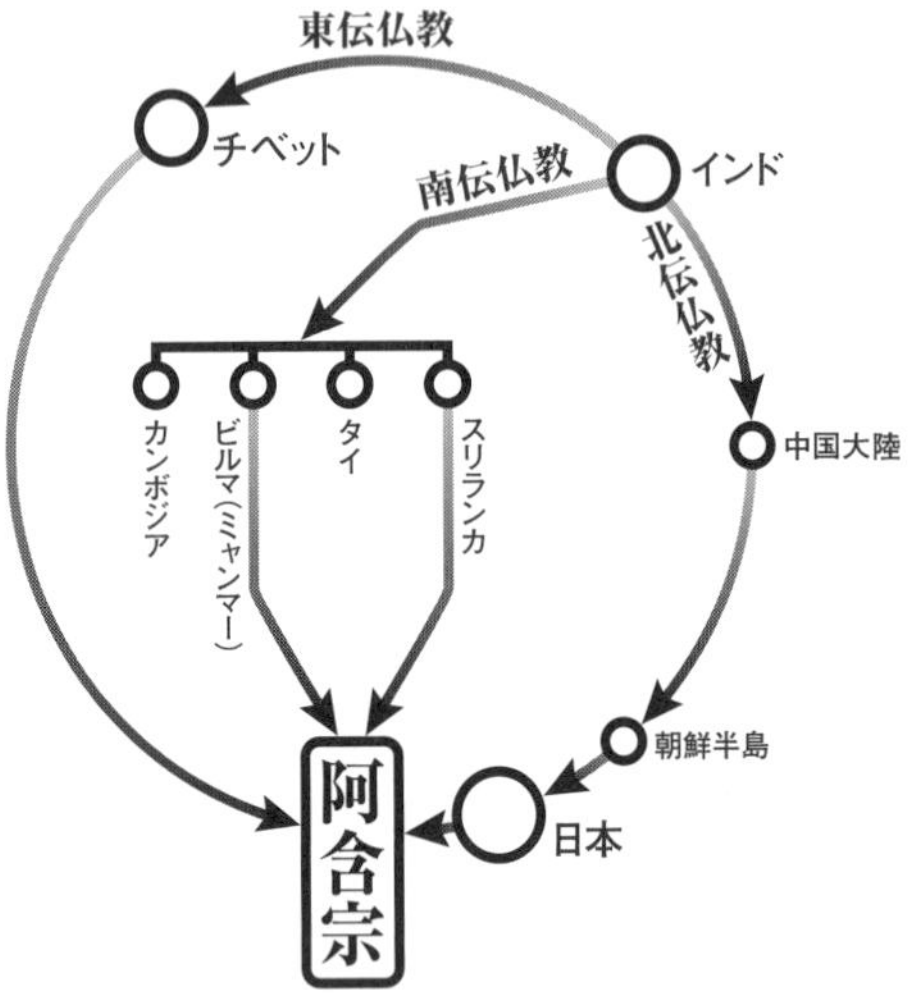

る。

仏教が、三つのものにバラバラになっているかぎり、完全とはいえない。この三つのバラバラの仏教が、一つの仏教に融合したとき、完全な仏教といえるのではないか。

わたくしは、二十一世紀の仏教は、この完全仏教でなければならないと思うのである。

阿含宗はすでに、南伝、北伝、東伝の三つの仏教体系を統合した世界で唯一の完全仏教教団である。しかも、今回のブータン仏教から強力な霊力を持つ、世界最高の霊法を伝えられたことにより、霊力の面でも完璧となり、名実ともに世界的な完全仏教となった。

阿含宗の密教といわず、阿含宗の仏教が、これで世界的なものになったと胸を張っていうことができると考えている。

しかし、わたくしが喜んでいるのは、それだけではない。

ブータンには輪廻転生の秘法があるのだ。

輪廻転生の国・ブータンの秘法

東伝仏教を大切に守り伝えてきたブータン王国と阿含宗は、以前から深い交流をしており、毎年、何名かの僧侶を派遣して修行させている。

このブータンにおいては、いまでも生まれ変わりが深く信じられているのである。

これはブータン王国に仏教留学している阿含宗の僧侶からの話であるが、子供が年上のおじと思われる人物に向かって、そのおじの亡くなった父親の声色でお説教をしているという場面が見られるそうである。

年端もいかない小さい子供が、ずっと年上のおじに向かって、

「そこへ座りなさい。おまえはこのごろ、やっぱりずっと酒を飲んで怠けているそうだな。けしからんじゃないか」

と、そのおじの死んだ父親の声色で説教するのだそうである。つまり、この子供は、そのおじの亡くなった父親の生まれ変わりなのである。

声が亡くなった父親そのものであるから、その酒飲みのおじもちゃんと座って、

「どうもすみません」

という。

そうするとその小さい子供は、おじの父親の声色で、

「すみませんじゃない。おれがあれほど生きていたときに教えたのに、なぜそれを守らないいんだ。ほんとうは相当なお金をおれはおまえに残しているんだけれども、おまえが酒飲みに道楽している間は、むだに使ってしまうから、この金はおれはあるところへないしょで埋めてしまってあるんだ。おまえの心が改まらなければ、この金の埋めた場所を教えてやることはできない」

というそうである。

「いや、そんなことを、お父さん、いわないで教えてくださいよ。心がけを改めます」

「いや、だめだ。ちゃんとその実証を見せないうちは金はおまえにやらない。そして、いつまでもこんな様子ではほかの者におれは金をやってしまうぞ」

「いや、それだけは勘弁してください」

と、年端もいかない子供に、大の大人が平謝りに謝っている風景があった。それを見た、という僧侶の報告である。

そして、ブータンでは、このようなことは珍しいことではなく、日常的におこなわれているというのである。

それくらいブータンは徹底している。死んでも生まれ変わるということが、常識になっている。

だから、ブータンは仏教国であるけれども、お墓がない。お墓をつくっても、人間は死んでもまた生まれ変わってほかへ行ってしまうから、お墓にはいないと考え、お墓はつくらないようにしているそうである。

このお墓に対する考え方については、わたくしには異論があるが、ブータンという国は、それくらい徹底して生まれ変わりを信じている。現代では少ないけれど、輪廻転生の考えにしたがって日常生活を実践している国なのである。

当然のことながら、輪廻転生を深く信じるブータンにおける仏教というのは、強い霊力を持つとともに、輪廻転生に関する深い秘法もたくさん有している。

わたくしは、このたびのブータン仏教からの法脈継承の際に、輪廻転生にかかわりの深い、たくさんの秘法を授かった。ブータン仏教界の意向では、この秘法をぜひ日本に持ち帰って、多くの人々がその法力を受けられるように、ご活用いただきたいとのことであった。

誠に責任の重いことであるが、これらのブータンの秘法をとり入れて、さらに深い輪廻転生の秘法を世に出していくつもりであるので、大いに期待していただきたいのである。

三つの体系の仏教の、それぞれを体得し、法位を持つわたくしは、それこそが自分にあたえられた使命であると、駄馬にしきりと鞭打ちつつある。

第五章 輪廻転生瞑想法入門

さて、いよいよ瞑想法の実践である。

まず、本書では、高度の瞑想法に進むための基本として、よい輪廻転生を助けてくださる準胝尊のご加護をいただきながら、三毒といわれる貪《とん》・瞋《じん》・癡《ち》の煩悩を完全になくす瞑想を教える。

最終的には第二章でのべたように、深層意識をもちいた瞑想法に入っていくのであるが、その前に、この三毒を完全に消滅させておかなければならない。三毒の煩悩が、心の中に少しでもあると、深層意識をもちいた高度の輪廻転生瞑想法をおこなうことができないからである。

高度の瞑想法に関しては、わたくしがいままで指導してきた瞑想法に、新たな瞑想法を加えて編纂し、これから順次発表していく予定である。

まずは、本書の入門編の瞑想法をしっかりと実践していただきたい。

しかし、この入門編の瞑想法に熟達するだけでも、あなたは、いままでとまったくちがう自分になっていることに気づくであろう。

（この瞑想法を実践しやすいように映像化した、ＤＶＤ本を製作するので、ぜひ利用

してほしい）

瞑想の準備

それでは、これから瞑想に入る前の準備を説明しよう。

六法を調《ととの》える

瞑想に入る前には、まず六法を調える。

六法とは、

一、環境（場所）を調える

二、飲食を調える

三、睡眠を調える

四、身を調える

五、気息を調える

六、心を調える

以上、六つのことである。

一、環境を調える

瞑想するには、特別な仕度はいらない。

最もよい環境は、山岳、森林、海浜など、自然の景観がすぐれ、空気の澄んだところである。

山ならば、滝のあるところなどが、最も理想的な場所である。

日常の中で瞑想をおこなう場所は、なるべく気の散らない静かな場所がよいだろう。

あまり大きな部屋では集中しにくく、小さすぎる部屋は気がこもってくるので、六畳ぐらいの部屋がよいだろう。

部屋は清潔にして、明るすぎたり、暗すぎない状態にする。また、寒くもなく、暑すぎないよう調節する。

マンダラがあれば、正面にマンダラをかけ、香華《こうげ》、すなわち線香と花を供える。

線香は、瞑想の時間を知るためのものでもあり、できればもちいたほうがよい。

二、飲食を調える

食事は本来、身心の養いのためにするものであり、健康をたもち、充実した精神生活をするためのものである。

そのためには、適度の量と、体の助けになる質のよいものと、この二つがそろわなければならない。

ものを食べてすぐの満腹状態、あるいは逆に、あまりに空腹のときは避けたほうがよろしい。

食べものは、栄養をよく考えて、バランスのとれた食事を摂ることを心がける。食べものの摂り方で、人間は心の状態、脳のはたらきなどが変わるからである。

三、睡眠を調える

人間は、仕事をし、はたらいて、活動したあと、かならず休んで体力の回復をはからなければならない。

そして睡眠は最もよい休息であり、人間が生きていく上に絶対必要なものである。

しかし、眠ることが必要度を越えて多いときは、かえって心を弛緩《しかん》させてしまう。また睡眠不足もよくない。睡眠は適度に調節するように。

四、身を調える

衣服は、厚着にもならず、薄着にもならず、寒からず暑からずの服装で、清潔なものがよい。帯、ベルトなどをゆるやかにして、意識がひっかからないようにする。

五、気息を調える

瞑想する人は、常に、息を細く長く、乱れないように心がけねばならない。息づかいが荒いと、心も乱れて、おさめにくくなるからである。

瞑想する、しないにかかわらず、人間は常に呼吸を調えなければいけない。動作が粗雑であると、息づかいが乱れる。息づかいが乱れると、思考も粗雑になるのである。

呼吸が調っている人は、心も安定している。その反対に、心を安定させたければ、息を調え、安定させることである。

六、心を調える

呼吸を調えると同時に、心を調える。それには、二つの方法がある。

一つには、乱れがちな心をおさえて、正しい呼吸に専念することである。

二つには、心の四つの相、沈《ちん》・浮《ふ》・寛《かん》・急《きゅう》をほどよく調和させることである。

以上は原則で、いつ、どこでも、どんな状態でも瞑想に入れるよう心がけてほしい。

そして自由に、気楽に、のびのびと瞑想しよう。

瞑想に入る

はじめに

座所に向かって合掌してから静坐《せいざ》、すなわち静かに坐る。座に着いたら、どっしりと落ち着いて、安楽に坐ろう。

合掌

最初に合掌する。

香を点ずる

線香は、瞑想の時間を知るためにも、もちいたほうがよろしい。

身体を調《ととの》える

まず自分の身体を揉《も》みほぐす。

脚を組む前に、足首を回してほぐす。

つぎに、体を前や左右に七、八度ゆり動かしたり、首や肩を回すなどして、体の緊張を解こう。

頭部、頸部をごく自然に、まっすぐ、きちんとした姿勢をとる。

額を心もち前に出し、下あごを少し引くようにして、頭部、頸部の緊張を解く。

同時に、胸を少し引っ込めるようにして、腹部は少し前に出し、両肩の力をぬいて、自然な姿勢をとる。

要をあげていえば、寛ならず急ならざること。ゆったりしすぎず、せわしからず、これが身体の調った相《すがた》である。

坐の組み方

この瞑想法は、椅子に腰かけておこなってもかまわない。さきにのべたように、気楽に、リラックスして、おこなってほしい。

しかし、本格的な瞑想をしたいという人もあろうから、それをのべよう。まず、静坐をする。座に着いたら、どっしりと落ちついて、安楽に坐る。

そのために大小二枚の座ぶとんを用意する。

まず小さな四角のふとん（坐褥《さにく》という）を敷いて、その上に坐蒲《ざふ》を置く。坐蒲とは、直径一尺二寸（約三九・六センチ）、周囲三尺六寸（約一一八・八センチ）の丸いふとんである。中にパンヤを入れて五、六寸の厚みにしてある。これがなければ、大小二枚の座ぶとんを用意し、一枚はアグラをかいて膝頭《ひざがしら》が出ない程度の大きなもの、これは厚くて柔らかなものでなければいけない。薄いと脚がはやく痛み、心も落ち着かず、また痔疾などをわずらうおそれがあって、身心によくないのである。もう一枚は、二つ折りにして、坐蒲のかわりにつかう。

結跏趺坐《けっかふざ》

座所に向かって合掌してから坐る。

坐蒲に尻をおろして両方の脚を前にのばし、まず右の足の親指のあたりを持って、これを左の腿《もも》の上にのせる。このときカカトが下腹につくくらい深くのせるのである。

つぎに、左の手で左の足指を持って、これもまた右の腿《もも》の上におなじように深くのせる。こうして両脚を組み、土ふまずが天井を向くように坐る。これが「結跏趺坐」である。

この結跏趺坐がいちばん安定したよい坐り方なのであるが、はじめのうちはなかなか脚が組めないので、半跏趺坐という略式の坐り方でもよい。

「カナエの三足」といって、両脚の膝頭と尾骨《びこつ》の三点がピタリと地について、坐った体の底面で二等辺三角形ができるようにすることが大切である。結跏趺坐の場合は、これが自然にできるので、最もすぐれた坐法ということができるわけだ。

半跏趺坐《はんかふざ》

女性の場合、昔から、女は半跏といわれている。

片方の脚だけを上げて坐るのでこの名がある。右足の土ふまずを左の内股にピタリとつけて、左足だけを右の腿の上に上げる。足が痛くなったら、足をかえてもよい。

ただし、このとき注意しなければならないのは、上げたほうの脚の膝頭が浮くことである。これでは不安定で正しい坐法の姿勢にならない。そのときは、尻に敷いている座ぶとんをもう一枚重ねて高くしてみる。そうして、少々上体を前に倒して、まず両脚の膝頭をつけ、それからおもむろに上体をまっすぐに起こしてみる。

椅子坐

また、もし椅子に坐って静坐するのであれば、ベルト、衣服をゆるやかに、腰を浅くかけて、両股を少し開き、両足を正しく地につける。

大和ずわり（正坐）

どうしても、結跏趺坐も半跏趺坐もできない人は、大和ずわり（正坐）にしてもよい。このときには、膝頭をくっつけないで、両膝頭の間に、男性は拳が三つくらいならんで入るほど、女性は二つならんで入るほど開く。これで安定する。坐蒲を尻の下に敷くと、坐はさらに安定する。

呼吸の調え方

呼吸を調えるには三種の方法がある。

第一には、精神を身体の下のほうに落ち着け、そこに精神を集結させる。

第二には、身体をリラックスさせる。

第三には、気があまねく全身の毛孔から出入していて、それをさまたげるものがないと観想する。

こうしてその心を静かにしていれば、呼吸が結滞せず、出入りが細く長く一定のリズムでおこなわれるようになる。このように息が調えば、その心も自然と安定してくる。

身が調ったなら、つぎに呼吸を調える。

まず口を開き、胸中の穢《けが》れた気を吐き去る。気を吐く方法は、口を大きく開き、思う存分に下腹の奥から息を吐き出す。そのとき体の中のよくないもの、不浄なるものをことごとくまとめて、それが吐く息にしたがって全部出ていくものと観想する。出つくしたら口を閉じ、鼻から清気を入れる。このようにして三度ほどくり返す。身息が調和しさえすれば、一度だけでもよい。

つぎに口を閉じる。唇と歯を上下軽く自然に合わせ、舌は持ち上げるようにして上あごに向ける。そして、眼を閉じる。わずかに外光を断つ程度でよい。

それが終わったら端身正坐（姿勢を正しくして正坐する）すること、碇石《いかり》のごとくあれ。身や首や手足をこまかく動かすようなことがあってはならない。
これが呼吸法の修行にあたって、はじめに息を調える方法である。

長出入息呼吸法

呼吸法は、かならず、まず最初に息を吐くことからはじめる。歯は軽くかみ合わせて、かみ合わせた歯の間を通して、ゆっくりと息を吐き出す。つぎに吸うときから第一回目の呼吸がはじまるのである。

自然に、長出入息呼吸法に移る。

まず、軽く息を吸う。(長入息呼吸である)

歯の間を通してゆっくりと息を吐き終わったら、今度は唇を閉じ、歯をきちんと合わせて、鼻からゆっくりと吸うのである。

少しずつ、時間をかけて、鼻から空気を吸う。このとき、鼻から入ってくる空気の量をできるだけ少なくするために、鼻をすぼめて鼻腔をせまくする。こうすると、入ってくる空気の量が少なくなるだけではなく、せまくなった鼻腔の壁が空気で摩擦されて、その刺激が脳に伝わり、脳の昂奮をしずめる効果もあるのである。

また、息を吸い込むとき、舌の先を、上顎部《じょうがくぶ》（上の歯ぐきのやや上部）につける。

そこで、ごく自然に息を吸い込んでいく。

息を吸い終わったら、もう一度、軽く息をのみ、みぞおちを十分に落とし、肛門をぐっと閉じ、下腹にウムと力を入れる。

この力を入れるとき、同時にかならず鼻からちょっと息を漏らす。これが非常に大切で、これをやらないと、胸から頭部にかけて圧がかかり、体を痛めるおそれが出てくる。腹式呼吸をやって、頭痛を起こしたり、内臓下垂で苦しんだりするのは、これを知らないからである。禅宗の原田祖岳老師が、原坦山《はらたんざん》和尚の極端な下腹入力禅をやったところ、頭が鳴って苦しくなった。また腸の位置が変則的になって難病をしたと本に書いておられる。注意が肝要である。

この肛門を締めて、下腹にウムと力を入れる動作を、二、三回おこなう。

つぎに、長出息呼吸に移る。

下腹に一段と力をこめ、下腹部を収縮させながら、どこまでも腹の力をもって静かに息を吐き出していく。

この長出入息呼吸法は、一呼吸についての時間は問わない。できるだけ細く、長く、長出入息させるのである。

三〜五回くらい、くり返す。

数息観《すそくかん》

長出入息呼吸法で、心が調ったら、数息観に入る。

文字のとおり、心を数に集中して、散乱せしめぬようにする観法である。

これに三種の法がある。

その一は、「呼吸の、出るで一つ、入るで二つ、出るで三つ」というように、出、入、出、入と、一、二、三、四と数えていく。これを出息入息観《しゅっそくにゅうそくかん》という。

その二は、出入を一息として出るほうの息で数えていく。これを出息観《しゅっそくかん》という。

その三は、やはり出入を一息とすることは前とおなじであるが、その入るほうの息を数える。これを入息観《にゅうそくかん》という。

その一は数えやすいが、定《じょう》には入りにくく、その三は数えにくいが、深く定に入りうる。その二は前者と後者の中間である。ふつうわたくしが教えているのは、出る息を丹田から天地に向かって吐き出すような気持ちで息を吐く。その吐いた息の行方《ゆくえ》を心の眼で追うようにして声には出さず、これを、「ヒトー」と数え、ついで吐ききって吸う息を「ツー」と数える。こうして十まできたら、またはじめの一つに戻って、これを何度でもくり返すのである。

この際、大切なことは、吐く息と吸う息の転ずるところが、丸くスムーズに、全体の呼吸が卵型を描く気持ちでおこなうことである。ピストン型のギクシャクした呼吸ではいけない。したがって、はじめ意識的に、この呼気と吸気の転換のところがスムーズにいくように工夫してみることである。

具体的にいうと、まだいくらか吐けるところで、全部吐ききらないうちに吸いはじめ、まだいくらか吸えるところで、セーブして吐きはじめるようにすると、自然に丸みをおびた楽な呼吸になる。しかし、こうした意識的な訓練に、あまりいつまでもとらわれることはかえってよくない。いちばんの秘訣は、全身のどこにも力を入れず、身心をただあるがままにすると、呼吸はおのずからあるべきすがたに調ってくる。

この自然の呼吸をただひたすら下腹で数えていくだけである。

このとき、最も大切なことは、息と数とが二つになってはいけないということである。ひたすら、「心を数に傾けて、呼吸の行方を心の眼で追うようにして」その心の眼のほうにウエイトを置くのである。

数息観を適宜おこなって、心が安定したところで、つぎに移る。

心のはたらき

多くの人々は気がついていないが、適切な方法をもって訓練すると、人間の心は信じられないような不思議な力を発揮する。

その心のはたらきをつぎのように分類する。

心＝意・念・気

である。

意とは、意志、というように、心が一定方向に向かって動いている状態をさす。

念とは、意の動きが集中し高まって、ひとつの力を持つにいたった状態で、念力、という名がこれをよく表現している。

気とは、念がある方向に向かって身体の中を流れていく状態である。

ただし、この気には、意識的につくり出されたものと、無意識的・生理的に、自然に身体の中を流れているものと、二種類ある。

たとえば、「元気だ」というような言葉で表現されるものである。そこで、見方によっては、気を集中したものが念だ、ということもできる。

ここでは、気という場合は主として意識的につくり出されたものをいっている。

最初は、意念のはたらきを、外の動きからはじめ、熟達するにつれて、しだいに心の中に入っていくのである。

意念の訓練のひとつが、花の瞑想法である。

さあ、それでは、花の瞑想法をはじめよう。

花の瞑想法

あなたが花になる

一輪の花を花瓶に挿《さ》して目の前に置きなさい。花からはじめるのは、花のように清らかな美しい心を持つことが、瞑想の大きな目的のひとつだからである。

インドでは、そのために蓮花をもちいる。マンダラに蓮の花がかならずもちいられるのは、そのためである。

半跏趺坐で瞑想の姿勢をとるのであるが、ときに、椅子に腰かけた姿勢でやってもよろしい。オフィスなどで、ＯＬの方などには、ことにふさわしい瞑想といっていいであろう。

数息観で呼吸を調える。眼をやや半眼にして花を凝視せよ。できるだけまばたきせず、我慢できなくなるまでじっと凝視せよ。花だけを凝視せよ。花びらの一つ一つをしっかり凝視せよ。花がしだいに大きくなるだろう。花が近づいてくる。花に心を持っていけ。花の中に心を移せ。花になれ。花になったら眼を閉じよ。花になって自分を観よ。花になってしばらく自分を観察せよ。

つぎに、花からしだいに自分に返れ。眼を開いて花を凝視し、瞑想をきりあげよ。

花の瞑想法次第

一、花を選ぶ（バラ、菊、牡丹、チューリップ、水仙、アイリス）

あなたが好きな花を一輪、目の前に置きなさい

二、選んだ花を凝視せよ

できるだけまばたきせず、我慢できなくなるまで凝視せよ。花だけを凝視せよ。花びらの一つ一つをしっかり凝視せよ。

そして花に応じて、つぎの観想をせよ。

《赤いバラ》

バラは情熱的で、エネルギーに満ちあふれている。どんな困難にも打ち勝つ力をあなたにあたえる。それはあなただけでなく、まわりの人たちにも元気と活力をあたえる。

《白菊》

白い菊は、心を清め、穏やかにしてくれる。心を穏やかに静め、純粋さと上品な雰囲気をあなたにあたえる。ときには、心をまっさらにして新しい出発をうながす。

それはあなただけでなく、まわりの人たちにもすがすがしさをあたえる。

《ピンクの牡丹》
ピンクの牡丹は誠実で、幸せな気持ちを招く。気高く、それでいて豊かな優しい心をあなたにあたえる。そしてあなたをリラックスさせる。それはあなただけでなく、まわりの人たちにも幸せな気分をあたえる。

《オレンジ色のチューリップ》
オレンジ色のチューリップは、あなたを励まし元気をあたえてくれる。あなたに行動する勇気をあたえ、コミュニケーションを助け、楽しい語らいの場が訪れる。
それはあなただけでなく、まわりの人たちにも楽しい気分をあたえる。

《黄色の水仙》
黄色い水仙は、集中力を高め、あなたの心を活性化する。子供のころの天真爛漫な童心に返り、好奇心をかりたて、新しい気分をもたらす。心がリフレッシュして変革するエネルギーがあふれてくる。
まわりの人たちといっしょになって、助け合い楽しく行動していくことができる。

《青いアイリス》
青いアイリスは知性と堅実さをあらわす。あなたに冷静な心とものごとをてぎわよく処理する力をあたえる。そして自立心を高め、決意をうながしてくれる。
まわりの人たちも、そんなあなたを優しく見守ってくれる。

三、花が近づいてくる
花がしだいに大きくなるだろう。
花が近づいてくる。花に心を持っていけ。花の中に心を移せ。

四、花になる

花になれ。花になったら眼を閉じよ。

五、花から自分を観る

花になって自分を観よ。花になってしばらく自分を観察せよ。

六、花から自分に返る

つぎに、花からしだいに自分に返れ。眼を開いて花を凝視し、瞑想をきりあげよ。

第六章　輪廻転生瞑想　如《にょ》意《い》宝《ほう》珠《じゅ》敬《けい》愛《あい》法《ほう》次第

一――大虚空観

果てしなき大虚空を想え。
銀河系・太陽系を遙か彼方に。
その中心に身を置き、坐せ。

二——三毒消滅大円空観

空間に巨大なる三角形を想え。
それぞれの角と三角形の中に
大なる円をつくれ。
真ん中の円に自己を入れよ。

わが想念を三つに分け、
それぞれの角の大なる円に入れよ。
むさぼり。欲しい、惜しい、という心を
「貪《とん》」の円に入れよ。
いかり。腹立ち、憎しみの心を
「瞋《じん》」の円に入れよ。

無智。もろもろの道理に迷う愚癡の心を
「癡《ち》」の円に入れよ。

円の内なるものを一つ一つ消滅させ、
それぞれを全くの円空とせよ。
最後に自分をも消し、
円空とせよ。
すべてを消し、空とし、
一大円空とせよ。

三——三角智印

前の一大円空の中に火炎あらわる。
三角智印となって炎上する。
智印の大火炎、大虚空に遍満す。

四――金剛喜菩薩

金剛喜菩薩《こんごうき》、あらわる。
大光明を放って輝く。
わが身、大歓喜に満たされる。
オン・バザラサト・サク。

五—金剛笑菩薩

金剛笑《こんごうしょう》 菩薩、あらわる。
大光明を放って輝く。
わが身、歓喜し大笑す。
オン・バザラカサ・カク。

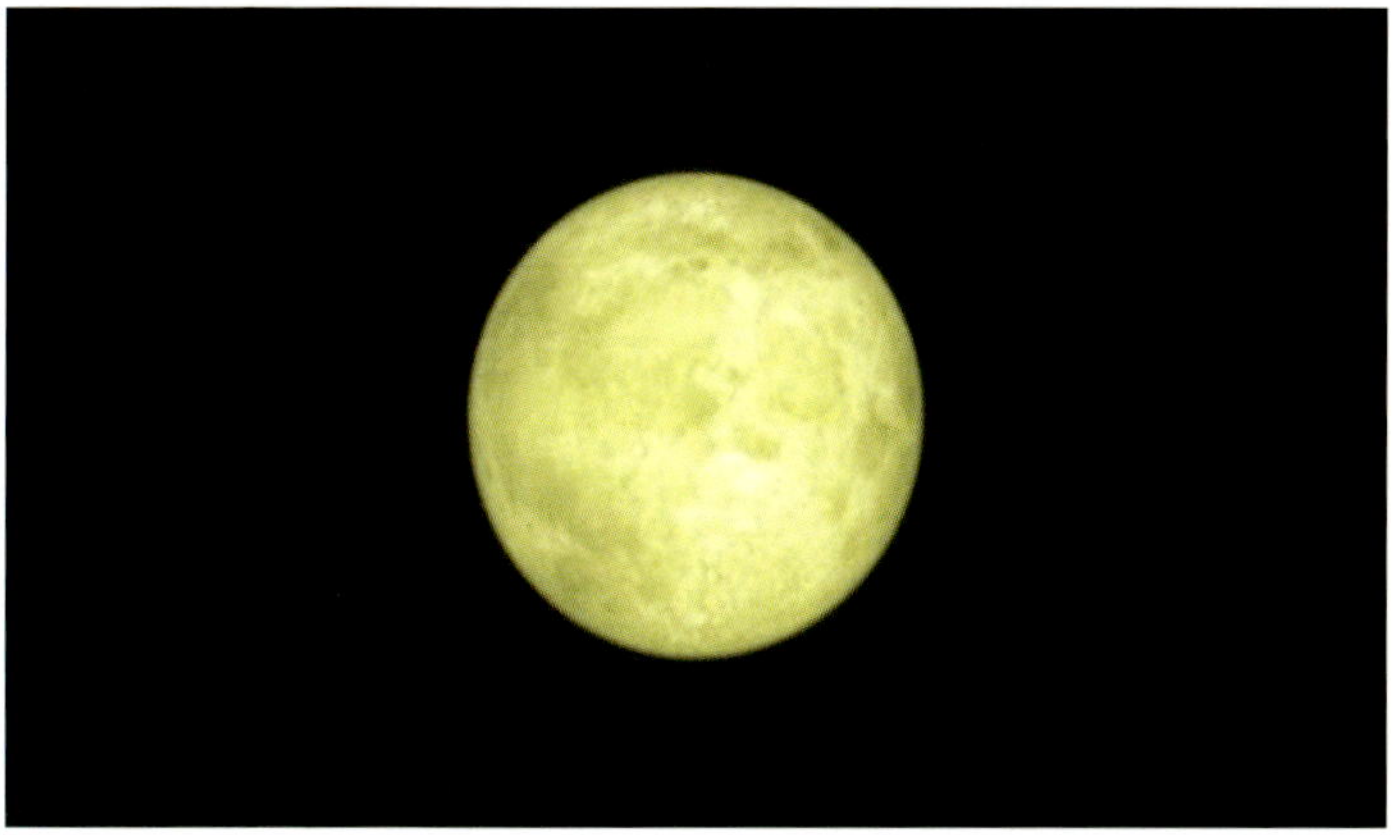

六―月輪観

白浄の満月あり。
眼前六尺（二メートル）
ついで、眼を閉じ、ゆっくりと
月輪を胸中に引入する。
つぎに、眼を開け、
月輪を中空に返す。

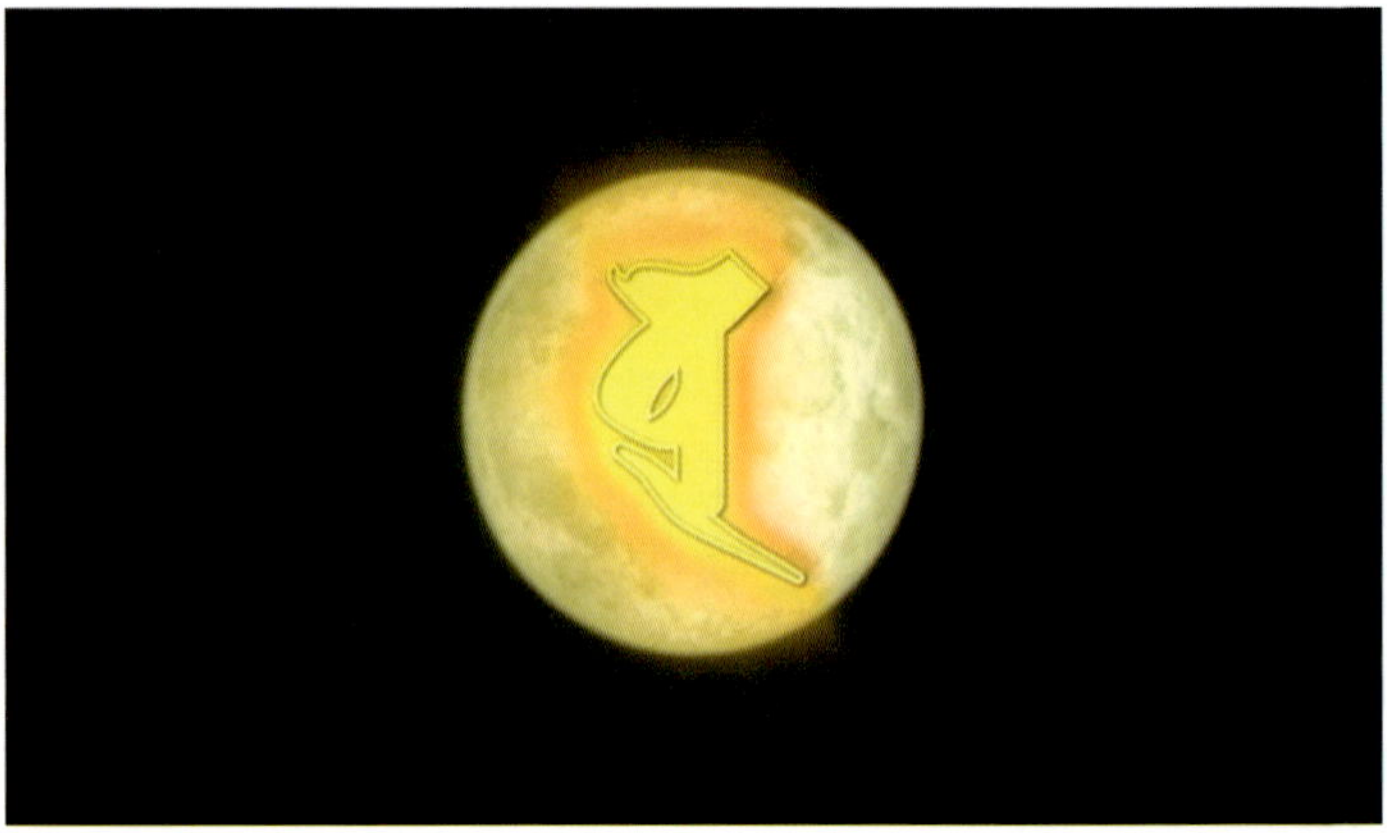

七——月輪中𑖤𑖺（ボ）字出現

月輪中、𑖤𑖺（ボ）字出現。
金色の光明を放って輝く。

八――𑖤𑖺（ボ）字変じて準胝尊となる

準胝尊、全身より大光明を放つ。
光明、わが身《しん》に照り映ゆる。
わが身、光明を受けて、
しだいに光を放つ。
わが身、全身より光を放ち、
わが身、準胝尊と等同なり。
（準胝尊真言読誦）

九――如意宝珠敬愛法（如意宝珠印）

わが印の中に如意宝あり。
さんぜんと輝き、虚空中に
大光明を放つ。
わが身、如意宝と一体なり。
意の如く変化せり。

わが身、意の如く変化し、
自らの望むこと、願うこと、
悉く成就せり。

自らの使命を立派に果たしつつ、

周囲に勇気と喜びをあたえ、
自らには満足感と充実感をもたらすなり。
わが身、勇気と愛嬌にあふれた身となり、
万人より敬愛を得る。
現世はもとよりのこと、
来世にても意の如く、敬愛を受く。

再び、わが身、
如意宝と一体なり、
大光明を放つ。

あとがき

現世極楽往生

いわゆる浄土教とよばれる浄土宗や浄土真宗は、阿弥陀如来の慈悲によって人は死後に極楽に往生できる、と説く。

法然上人（源空。一一三三〜一二一二）が開いた浄土宗は、「極楽往生できるように念仏を称えよ」と説き、親鸞上人（一一七三〜一二六二）の浄土真宗は、「阿弥陀如来のお力により、すべての衆生は極楽往生することがすでに決定しているから、阿弥陀如来への信仰のあらわれとして念仏を称えよ」と諭した。

それで前者を「行の念仏」、後者を「信の念仏」というわけである。

法然・親鸞両上人ともに平安時代末期から鎌倉時代にかけての方であるが、この時代は貴族社会から武家社会に覇権が移行するという、非常に不安定な時代であった。

この後につづく室町時代も決して平和とはいいがたく、戦国時代は文字どおり戦国乱世で、戦によっていつ死ぬかわからないという世相であったのである。

そのように不安定な社会であるから、

「この世では救われようがないから、せめてあの世では極楽へ行って幸せになりたい」

ということで、人々は浄土宗や浄土真宗を盛んに信仰したわけである。

考えようによっては、極楽往生の浄土教も、よい転生を得ようとする信仰のひとつだといえる。しかし、極楽へ行けばそこにずっといるわけであるから、わたくしが「輪廻転生瞑想法」で説く内容とは大きくちがうのである。

わたくしの教える「輪廻転生瞑想法」は、浄土教とちがって、死んでから極楽へ行くというような、そういうことを願わない。またこの世へ生まれてくる、人間として生まれてくる、しかも自分の思ったとおりの境遇で、思ったようなすぐれた人間、すぐれた器量、すぐれた才能を持って生まれてくる。

死んでから、あるのかないのかわからないような極楽往生を願うのではなく、現世に、この世の中に人間として引きつづいて生まれてくる。そして、どうせ生まれてくるのならば、自分の思ったような人間として生まれてくる。女性だったら絶世の美女。ただし、美女はかならず幸せということはない。美人薄命ということがあるから、美人であるけれども幸せな人間として生まれてくる。

男性だったらすばらしい才能を持って、それでしかもたいへんなハンサムとして生まれてくる。

そういう人間として生まれるべき企画を立てて、その企画どおりに修行して、そういう人間として生まれてくるのである。

この教えを一口でいうと「現世極楽往生」である。

死んで極楽へ行って往生するのではない。またこの世の中へ生まれ変わってきて、そしてこの世の中が極楽であるような生まれ方をする。

すなわち「現世極楽往生」が目標なのである。

そして、その目標を達成する修行方法《システム》が「輪廻転生瞑想法」なのである。

浄土教は阿弥陀如来の浄土へ行くという極楽往生を説いたが、わたくしの教える「輪廻転生瞑想法」は理想どおりの人生を実現する、現世極楽往生を説く。この人間世界が極楽であるかのように思える人生を、自らの手で創造するのである。

死んで阿弥陀さまのところへ行くのではない。生きながら自分が阿弥陀さまになるのである。

したがって、これは浄土教の極楽浄土よりも遙かにすばらしいものであり、人間をまさしく幸福に導くものだといえるのである。

本書では、ごく初歩の瞑想法にとどめたが、この「輪廻転生瞑想法」はシリーズ本として、三部作にする予定で執筆している。次巻以降で、さらに高度の瞑想法も順次発表していくので、期待してお待ちいただきたい。

二〇一二年三月吉日

著者しるす

桐山靖雄（きりやま・せいゆう）

阿含宗管長、中国・国立北京大学名誉教授、中国・国立北京外国語大学名誉教授、中国・国立中山大学名誉教授、中国・国立佛学院（仏教大学）名誉教授、モンゴル国立大学学術名誉教授・名誉哲学博士、モンゴル科学アカデミー名誉哲学博士、チベット仏教ニンマ派仏教大学名誉学長・客員教授、タイ王国・国立タマサート大学ジャーナリズム・マスコミュニケーション学名誉博士、サンフランシスコ大学終身名誉理事、ロンドン大学SOAS名誉フェロー、スリランカ仏教シャム派名誉大僧正、チベット仏教界・ミャンマー仏教界から最高の僧位・法号を授与、ブータン仏教界から法脈相承・秘法皆伝　法号「ンガワン・ゲルツェン（王者の説法をする仏法守護者）」授与、中国国際気功研究中心会長（北京）、ダッチ・トゥリートクラブ名誉会員（ニューヨーク）、日本棋院名誉九段、中国棋院名誉副主席。

主たる著書『密教・超能力の秘密』『密教・超能力のカリキュラム』『密教占星術Ⅰ・Ⅱ』『説法六十心1・2』『チャンネルをまわせ』『密教誕生』『人間改造の原理と方法』『阿含密教いま』『守護霊を持て』『続・守護霊を持て』『龍神が翔ぶ』『霊障を解く』『一九九九年カルマと霊障からの脱出』『輪廻する葦』『間脳思考』『心のしおり』『愛のために智恵を智恵のために愛を』『末世成仏本尊経講義』『守護霊の系譜』『一九九九年地球壊滅』『守護仏の奇蹟』『求聞持聡明法秘伝』『さあ、やるぞかならず勝つ①～⑫』『仏陀の法』『守護霊が持てる冥徳供養』『密教占星術入門』『人は輪廻転生するか』『君は誰れの輪廻転生か』『般若心経瞑想法』『一九九九年七の月が来る』『オウム真理教と阿含宗』『阿含仏教・超能力の秘密』『脳と心の革命瞑想』『阿含仏教・超奇蹟の秘密』『社会科学としての阿含仏教』『「止観」の源流としての阿含仏教』『一九九九年七の月よ、さらば』『21世紀は智慧の時代』『21st Century: The Age of Sophia』『You Have Been Here Before:Reincarnation』『ニューヨークより世界に向けて発信す』『THE WISDOM OF THE GOMA FIRE CEREMONY』『The Marvel of Spiritual Transformation』『実践般若心経瞑想法』『変身の原理』『幸福への原理』『守護神を持て』『仏陀の真実の教えを説く上・中』『あなたの人生をナビゲーション』『輪廻転生瞑想法Ⅰ・Ⅱ』『実践輪廻転生瞑想法Ⅰ』（以上平河出版社）、『アラディンの魔法のランプ』（阿含宗出版社）、『念力』『超脳思考をめざせ』（徳間書店）、『密教入門――求聞持聡明法の秘密』（角川選書）など。

連絡先——阿含宗に関するご質問・お問い合わせは左記まで

●

阿含宗本山・釈迦山大菩提寺　京都市山科区北花山大峰町

関東別院　〒108-8318東京都港区三田四—一四—一五　☎（〇三）三七六九—一九三一

関西総本部　〒605-0031京都市東山区三条通り神宮道上ル　☎（〇七五）七六一—一一四一

北海道本部　〒004-0053札幌市厚別区厚別中央三条三丁目　☎（〇一一）八九二—九八九一

東北本部　〒984-0051仙台市若林区新寺一—三—一　☎（〇二二）二九九—五五七一

東海本部　〒460-0017名古屋市中区松原三—一三—二五　☎（〇五二）三二四—五五五〇

北陸本部　〒920-0902金沢市尾張町二—一一—二二　☎（〇七六）二二四—二六六六

九州本部　〒812-0041福岡市博多区吉塚五—六—三五　☎（〇九二）六一一—六九〇一

大阪道場　〒531-0072大阪市北区豊崎三—九—七　いずみビル一階　☎（〇六）六三七六—二七二五

神戸道場　〒651-0084神戸市中央区磯辺通り二—一—一二　☎（〇七八）二三一—五一五二

広島道場　〒733-0002広島市西区楠木町一—一三—二六　☎（〇八二）二九三—一六〇〇

横浜道場　〒231-0012横浜市中区相生町四—七五　ＪＴＢ・ＹＮ馬車道ビル五・六階　☎（〇四五）六五〇—二〇五一

沖縄道場　〒900-0031那覇市若狭一—一〇—九　☎（〇九八）八六三—八七四三

●インターネットで阿含宗を紹介——阿含宗ホームページ　http://www.agon.org/

輪廻転生瞑想法 I

理想の自分に生まれ変わる如意宝珠敬愛秘法

二〇一二年四月一五日　第一版第一刷発行
二〇一三年八月一五日　第一版第三刷発行

著　者——桐山靖雄

発行者——森　真智子
発行所——株式会社平河出版社
〒108-0073東京都港区三田三—四—八
電話(〇三)三四五四—四八八五　FAX(〇三)五四八四—一六六〇
振替〇〇一一〇—四—一一七三二四
装　幀——佐藤篤司
印刷所——凸版印刷株式会社
用紙店——中庄株式会社

ISBN978-4-89203-340-7 C0015
http://www.hirakawa-shuppan.co.jp

阿含宗管長　**桐山靖雄著**

理想の自分に生まれ変わる如意宝珠敬愛秘法

実践輪廻転生瞑想法I

［DVD本］日本語・英語2カ国語

DVDで瞑想!!

本書は瞑想者が

「輪廻転生瞑想法」をより明確に習得できるように映像化したものである。

『輪廻転生瞑想法I』の実践部分をもとに、

「瞑想の基礎トレーニング」、瞑想の基本となる「花の瞑想法」、

「輪廻転生瞑想」のひとつである「如意宝珠敬愛法」を映像化してある。

理想の自分に生まれ変わるために、

ぜひ本書の「瞑想法」を実践してみよう。

【DVD内容】

日本語・英語2カ国語

本編 96分

1. 桐山靖雄メッセージ
2. 瞑想の基礎トレーニング
3. 基本の瞑想「花の瞑想法」
4. 輪廻転生瞑想—如意宝珠敬愛法

定価（本体2800円+税）

四六判変型函入

DVD+解説本128頁

ISBN978-4-89203-342-1

平河出版社

●阿含経講義●

仏陀の真実の教えを説く

中

上

阿含宗管長 **桐山靖雄** 著

ブッダと歩む！

シャカの声や姿を
原初のままに伝えている唯一の経典「阿含経」。
仏陀の真実の教えを知ることにより、
あなたの人生観・世界観は変わる。

◆目次より〔上巻〕

雑阿含経 一切事経―在家成仏を説くお経
雑阿含経 応説経―唯一の成仏法、七科三十七道品
雑阿含経 自軽経―来世は日々の修行によって決定する
雑阿含経 申恕林経―如来は成仏に役立つ道のみを説く
雑阿含経 仙尼経―仏教の業報輪廻の思想／他

定価＝本体２０００円＋税

◆目次より〔中巻〕

中阿含経 七宝経―地球救済の予言経
増一阿含経 五戒品・有無品―財施は尽きても法施は尽きず
増一阿含経 三供養品―運命を転換する下根の成仏法
増一阿含経 等見品―因縁因果の法則を超越する成仏法
雑阿含経 母乳経―人間は輪廻転生する存在／他

定価＝本体２５００円＋税